SAINTE BEUVE ET LA MÉDECINE

Essai de Philosophie Médicale.

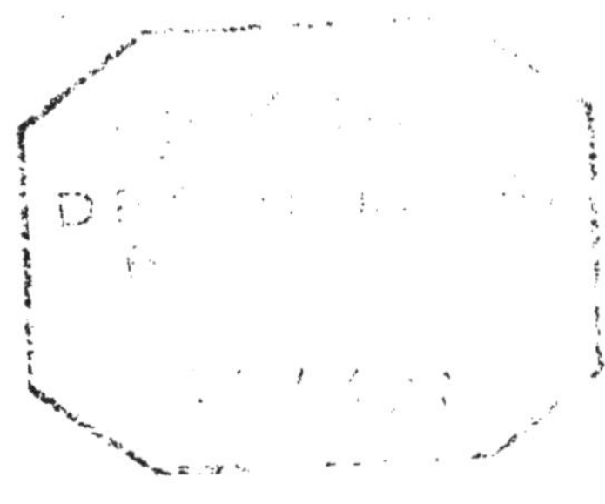

Docteur Georges MORIN

SAINTE-BEUVE
ET LA MÉDECINE
Essai de Philosophie Médicale

PARIS
LIBRAIRIE J.-B. BAILLIÈRE ET FILS
19, Rue Hautefeuille, 19

1928

PRÉFACE

Les médecins sont des curieux et volontiers des touche-à-tout. Cette tendance de leur esprit est la résultante de leur tempérament, des études qu'ils poursuivent sur l'homme, des facultés d'observation qu'engendrent les recherches biologiques longues et difficiles.

Un curieux et un touche-à-tout, Sainte-Beuve en fut un certainement. Ce tempérament qu'il possédait constitutionnellement a été développé et a atteint son point culminant sous l'influence de son éducation médicale, car Sainte-Beuve a été étudiant en médecine, externe des hôpitaux de Paris ; il a toute sa vie fréquenté des médecins, plusieurs furent de ses amis : Georges Morin nous en apporte les preuves décisives.

Dans cette étude que je lui ai inspirée, il a exposé ce point de vue avec la documentation la plus complète. Lorsqu'on a pris la responsabilité d'engager un jeune médecin dans une voie aussi difficile, on éprouve une certaine satisfaction à constater que le but recherché a été atteint. Georges Morin présente au public médical et, d'une façon générale, aux lettrés une œuvre remarquable non seulement par l'ordonnance des idées et l'élégance du style, mais par le plan qu'il a suivi, les documents nouveaux qu'il met au jour.

Il fallait un médecin très instruit, documenté par un travail qu'aucune difficulté n'a rebuté, mûri très jeune par les épreuves de la vie, pour établir avec autant de précision et de sûreté dans l'analyse les origines intellectuelles du grand critique.

Georges Morin a démontré par ce travail si personnel l'utilité incontestable de la culture médicale au service de l'histoire et de la critique littéraires.

Etienne MARTIN.

ERRATA

Page 15, ligne 17, lire : « données », au lieu de « donné ».

Page 18, ligne 10, lire : « esprits », au lieu de « esprit ».

Page 47, ligne 23, lire : « espérances », au lieu de « expériences ».

Page 57, ligne 15, lire : « produit », au lieu de « produite ».

Page 59, ligne 15, lire : « Constant », au lieu de « constant ».

Page 69, ligne 23, lire : « présentée », au lieu de « présenté ».

Page 154, ligne 13, lire : « vérifiée », au lieu de « vérifiées », et ligne 26, « ... p. 37-38) par Ricord », au lieu de « .... p. 37-38, par Ricord).

Page 191, ligne 27, lire : « enracinée », au lieu de « enraciné ».

Page 195, ligne 6, lire : « familiarisés », au lieu de « familiarisé ».

Page 201, ligne 4, lire : « lésion », au lieu de « liaison ».

Page 254, ligne 12, après la référence indiquant la Correspondance de Sainte-Beuve et Charles Labitte, ajouter : « Correspondance de Sainte-Beuve et Michelet », publiée par J. M. Carré.

INTRODUCTION

Depuis quelques vingt-cinq ans, le seul laboratoire de Médecine légale de la Faculté de Médecine de Lyon s'est enrichi d'intéressantes études sur William Cowper, Diderot, Dostoiewsky, Hoffmann, Maupassant, Gérard de Nerval, Edgar Poë, Rollinat, Verlaine, pour ne citer que les principales. Nous n'avons pas hésité à nous placer dans le sillage de nos heureux prédécesseurs : l'humaniste et le médecin nous y conviaient.

L'importance et la complexité de sa mission sociale, autant que de ses obligations professionnelles, exigent du praticien une vaste culture générale ; l'homme de l'art n'a ni le droit, ni le devoir de s'isoler dans sa tour d'ivoire. Non content d'emprunter à tous les savants, il obéit à la fois à sa propre curiosité et aux exigences de son état, en promenant un regard indiscret sur l'ensemble de ses congénères. Mieux que tout autre, il fait sienne la devise latine : « Homo sum, et nihil humani a me alienum puto ».

La production littéraire, émanation directe des cerveaux supérieurs, appelle naturellement son attention. Son incursion dans le domaine des lettres, en même temps qu'elle lui offre une mine inépuisable de documents, permet au lecteur de mieux suivre la genèse d'une œuvre d'art, connaissant la constitution physique et psychique de son créateur. « Il faut faire entrer le plus possible de littérature dans la science et de science dans la littérature », a fort bien dit Rémy de Gourmont.

Partant de ces considérations, le Docteur Voizard, en 1911, consacrait sa thèse à l'étude médico-psychologique de Sainte Beuve (1). Il se proposait de préciser les rapports de l'arthritisme et du génie en dressant l'observation médicale de l'Auteur des Lundis.

Nous avons adopté un tout autre point de vue: Sainte-Beuve a appartenu pendant 4 ans à la grande famille médicale. Il fut étudiant en médecine et même externe des hôpitaux. Quelle fut exactement l'éducation médicale qu'il reçut à cette époque ? Cette éducation exerça-t-elle une influence importante sur la formation de son esprit ? Telles sont les questions que nous nous sommes posées. Avant d'en aborder l'étude, peut-être ne serait-il pas inutile d'entourer chacune d'elles de quelques réflexions préliminaires.

*

* *

La première partie de notre thèse, tout en retraçant, le plus brièvement possible, les étapes de la vie de Sainte Beuve, visera surtout sa période d'études médicales. A vrai dire, d'autres nous ont précédé dans cette voie, mais ils ne s'y sont pas engagés fort avant. Dès 1896, le docteur Cabanès introduisait le Lundiste dans

---

(1) — Dr Voizard, Sainte-Beuve, *Etude médico-psychologique*, Thèse Lyon 1911.

la glorieuse galerie des Evadés de la Médecine (1) : il a rappelé plusieurs fois depuis, et tout récemment encore, dans différents périodiques, son passage à l'Ecole de Paris (2). Le Docteur Voizard nous a donné, incidemment, le relevé des inscriptions qu'il prit jusqu'en 1827 (3). Cependant de nouvelles recherches s'imposaient : on a parlé de Sainte Beuve externe ; mais personne n'a jamais apporté aucun document officiel, et l'on comprend les doutes que quelques esprits critiques (4) élevaient sur la véracité de cette allégation. Personne ne s'est soucié non plus de préciser les relations qui l'unirent à ses maîtres médicaux et chirurgicaux, et le souvenir qu'il en conserva.

Sans doute, nos prédécesseurs ont-ils pensé qu'il était inutile d'entreprendre une enquête si compliquée sur une période si courte de sa vie ; d'autant plus qu'en apparence ses études furent sans lendemain : il ne les termina point et n'endossa jamais la robe de Docteur en Médecine.

Nous ne partageons pas cette manière de voir ; si Sainte-Beuve a introduit la vie et la réalité dans la critique littéraire, c'est d'abord parce que, « ayant beaucoup vu, il avait beaucoup retenu » : Non seulement il s'est intéressé à tous les grands courants d'idées nouvelles, littéraires, sociales, religieuses, scientifiques, qu'a vu naître le début du XIXe siècle ; mais encore il s'est

(1) *Chronique médicale* (de 1896 à 1919) et *Médecine internationale*, 1912.

(2) Dr Cabanès : « Ste-Beuve Carabin » (*Revue Mondiale*, 15-X-26).

(3) Voizard, *Op. citato.*, p. 62-63.

(4) Dr Brodier (lettre personnelle).

incorporé à eux ; suivant sa propre expression, il s'est « métamorphosé » maintes et maintes fois avant d'atteindre sa forme définitive. Ces transformations successives lui fournirent l'étoffe, la matière brute de ses articles. Mais, s'il sut en extraire les admirables chroniques qu'il nous a laissées, c'est grâce à son éducation médicale : elle lui avait appris une méthode qu'il n'aurait peut-être jamais eue, s'il n'avait jamais été des nôtres. Il le reconnaissait lui-même volontiers. Le passage suivant est un véritable aveu :

« *Je suis l'esprit le plus brisé et le plus rompu aux métamorphoses. J'ai commencé franchement et crûment par le XVIII*e *siècle le plus avancé, par Tracy, Daunou, Lamarck, et la physiologie : là est mon fond véritable. De là je suis passé par l'école doctrinaire et psychologique du « Globe », mais sans y adhérer. De là, j'ai passé au romantisme poétique et par le monde de Victor-Hugo et j'ai eu l'air de m'y fondre. J'ai traversé ensuite ou plutôt cotoyé le Saint-Simonisme, et presque aussitôt le monde de Lamennais, encore très catholique. En 1837, à Lausanne, j'ai cotoyé le Calvinisme et le Méthodisme, et j'ai dû m'efforcer à l'intéresser. Dans toutes ces traverses, je n'ai jamais aliéné ma volonté et mon jugement (hormis un moment dans le monde de Hugo et par l'effet d'un charme), je n'ai jamais engagé ma croyance, mais je comprenais si bien les choses et les gens, que je donnais les plus grandes espérances aux sincères qui voulaient me convertir et qui me croyaient déjà à eux. Ma curiosité, mon désir de tout voir, de tout regarder de près, mon extrême plaisir à trouver le vrai relatif de toute chose, de chaque organisation, m'entrainaient* *à cette série d'expériences, qui n'ont été pour moi qu'un long cours de physiologie morale.* » (1)

Il proclamait ainsi, dans cette profession de foi, sa fidélité à ses origines scientifiques. En réalité, les choses se passèrent un peu différemment : Pendant toute la période qui s'étend de 1827 à 1840, Sainte-Beuve, flottant de Hugo à Lamennais, de St-Simon à Port-Royal, oublia sa chère physiologie. Puis, aucune de ces épreuves n'ayant satisfait son esprit, il revint aux « idées saines ». Une telle évolution s'observe souvent. Le Comte d'Haussonville a attiré l'attention sur ce point particulier, en un passage que nous citons entièrement : il conviendrait de le mettre en exergue, à la tête de notre thèse :

« *Ce n'est pas seulement l'éveil de la réflexion philosophique qu'il est intéressant de saisir chez Ste-Beuve pendant sa période d'études médicales, c'est peut-être aussi le germe et la conception première de sa méthode de critique littéraire. Personne, dans ses jugements, n'a étudié, avec une sagacité plus attentive, l'influence des phénomènes matériels sur les phénomènes intérieurs. Personne ne s'est attaché avec tant de soin à faire ressortir l'action du tempérament sur l'esprit, de la nature physique sur la nature morale. Nul doute que vers cette époque, penché sur la table de dissection, il n'ait cherché à surprendre dans leurs secrets, les relations de l'âme et du corps, et que sa pensée aventureuse n'ait erré sur les limites indécises qui séparent le monde invisible du monde visible. Peu à peu, il formule des juge-*

(1) Portraits littéraires, III p, 543 et Port Royal, II p. 513.

ments littéraires de plus en plus hardis, de plus en plus nets; il se met à étudier les milieux et à y placer l'auteur dont il doit parler. Et d'ailleurs, la critique, telle qu'à la fin de sa vie il l'avait comprise, n'a-t-elle pas été définie par lui, un véritable cours de physiologie morale? N'a-t-il pas disséqué les morts et même les vivants? Sans doute, à cette date, les procédés de sa méthode future germaient confusément dans son esprit que la curiosité littéraire avait envahi déjà. Souvent ainsi, le génie furtif grandit en se fortifiant à l'insu de celui qu'il habite, et l'homme fait s'étonne un jour de moissonner les fruits qu'à semés pour lui sa jeunesse inconsciente ». (1)

Jusqu'ici nous ne possédions que de maigres documents sur cette période courte mais si importante de la vie de Sainte-Beuve. Le recueil intitulé « Vie et poésies de Joseph Delorme », autobiographie romancée ; quelques articles purement littéraires qu'il écrivit pour le « Globe » ; quelques souvenirs lointains et vagues relatés par ses secrétaires et ses amis ou évoqués dans sa correspondance ; telles étaient les sources. Il faut y ajouter l'intéressante brochure où Madame Pailleron a publié dernièrement des notes intimes que Joseph Delorme avait jetées sur des carnets à l'âge de 16 ou 20 ans (2). Mais surtout, nous avons eu le bonheur de réunir de nouveaux documents. D'abord, grâce à l'obligeance de M. le Directeur de l'Assistance publique de Paris, et de M. le Docteur Brodier, conservateur des musées de l'Hôpital St Louis, nous avons retrouvé les traces offi-

(1) Ste-Beuve par le Cte d'Haussonville in « *Revue des Deux Mondes* », 1875, page 127.

(2) M. L. Pailleron. Ste-Beuve à seize ans. Le Divan, 1927.

cielles du passage de Sainte-Beuve dans les Hôpitaux de Paris. En outre, M. le Docteur Jean Lacassagne (de Lyon) nous a spontanément communiqué un volumineux dossier de lettres acquises par le professeur Lacassagne, savant expert en Sainte-Beuve (1). Ces lettres n'émanent pas du critique, mais de ses condisciples ou de ses maîtres : elles datent précisément des années qui nous intéressent, font allusion aux faits et gestes, aux occupations de Sainte-Beuve pendant sa vie d'étudiant ; on y saisit le reflet intime de sa pensée. En les lisant nous avons vérifié la supposition vraiment prophétique de d'Haussonville et l'on verra comment l'auteur des Lundis a étudié sur la table de dissection les rapports de l'âme et du corps. Nous tâcherons d'utiliser au mieux cette correspondance pour faire revivre au cours de notre étude biographique, la jeune personnalité de Sainte-Beuve carabin (2).

*

* *

Fort des précisions que nous aurons donné sur les origines scientifiques de Sainte-Beuve, nous serons ar-

---

(1) Cette collection provient d'une vente Troubat et comprend :

a) une traduction d'un article de Charles Neate paru en mai 78. Troubat a inscrit au crayon dans le coin d'un feuillet : « article traduit à ma prière par M. François Raspail, fils de mon ami Camille Raspail ».

b) 1 lettre de Séllèque du 12 mai 78 à M. Noël Parfait avec une autre traduction du même article.

c) 1 lettre de Martinet, avocat, à Sainte-Beuve (15-X-1824).

d) 2 lettres de l'abbé Barbe (1824, 1826).

e) 1 lettre de Landry (1823).

f) 1 lettre de Clouet, professeur à Boulogne (1823).

g) 2 lettres de Loudière.

més pour débrouiller, dans la deuxième partie de notre thèse, une question beaucoup plus complexe et beaucoup plus délicate : comment ses premières études ont-elles influé sur la formation de son esprit en général et de sa méthode en particulier ? N'est-il pas étrange que l'homme adulte, bien qu'il ait vite déserté la carrière médicale, en ait gardé, pour ainsi dire, l'imprégnation première ?

En réalité, le cas de Sainte-Beuve n'est pas exceptionnel et ne doit pas nous surprendre. Médecins nous-mêmes, nous méconnaissons souvent la transformation profonde et indélébile que nous subissons à notre insu du seul fait de notre éducation scientifique. Celle-ci comporte plus qu'un enseignement ; elle suppose une discipline, des habitudes quotidiennes qui bouleversent, dans tous les domaines, la personnalité encore malléable de l'étudiant. L'orientation qui lui est assignée n'apparait pas, s'il continue sa médecine, parce qu'elle est précisément adaptée à l'exercice de sa profession ; mais elle se manifeste clairement, s'il l'utilise à d'autres fins. La vie affective elle-même en reçoit le contre-coup. La fréquentation des malades, des cadavres entraine une mise en tutelle temporaire, une intellectualisation, si l'on peut

h) 10 lettres d'Arthur Neate (1823-27).
i) 19 lettres de Charles » » »

(2) C'est avec reconnaissance que nous remercions aussi : Madame G. Raspail, belle-fille du grand Raspail ; MM. les Drs : B. Bord, Directeur d'Æsculape ; Cabanès, Directeur de La Chronique Médicale ; Delaunay, du Mans ; Genty, rédacteur en chef du Progrès Médical ; Hahn, bibliothécaire en chef de la Faculté de Médecine de Paris. Nous avons abondamment puisé aux sources intarissables de leur érudition

dire, de la sensibilité que nul n'a mieux décrite qu'Anatole France. Voici le discours qu'il fait tenir à l'un de ses personnages médecins :

« .... *Si la pitié seule peut inspirer dignement notre vocation, elle doit nous quitter à jamais en présence de ces misères qu'elle nous a donné l'envie de soulager. Un médecin qu'elle accompagne au chevet des malades, n'a ni le regard assez net, ni les mains assez sures. Nous allons où la charité du genre humain nous envoie mais nous y allons sans elle.*

La pitié s'émousse vite au contact de la souffrance ; on songe moins à plaindre les misères qu'on peut soulager, enfin la maladie présente au médecin une succession intéressante de phénomènes.

Du temps où je commençais à pratiquer la médecine, je l'aimais avec passion. Je ne voyais dans les maux qu'on me découvrait que l'occasion d'exercer mon art. Quand les affections se développaient pleinement, selon leur type normal je leur trouvais de la beauté ; les phénomènes morbides qui présentaient d'apparentes anomalies, excitaient la curiosité de mon esprit ; enfin j'aimais la maladie. Que dis-je ? Au point de vue où je me plaçais, maladie et santé n'étaient que de pures entités.. »(1)

De pareilles attitudes ne nous étonneront pas chez Sainte-Beuve. On lui a reproché bien souvent d'avoir le goût du pathologique ; il a décrit avec soin la folie de Bernardin de St-Pierre ; il a insisté sur les interprétations délirantes de Rousseau ; discuté la question des hallucinations de Pascal. Ses détracteurs oubliaient

(1) Anatole France : « l'étui de nacre ».

trop ses origines médicales : il en avait simplement conservé ce qu'on est convenu d'appeler le goût du malade.

Mais c'est surtout sur les tendances intellectuelles que l'éducation médicale exerce un déterminisme marqué.

Au premier chef, depuis que l'art de guérir a franchi l'étape métaphysique, le jeune carabin apprend d'abord à chausser les « semelles de plomb » de Bacon, à ne pas perdre contact avec la réalité. Vigny opposa un jour deux grandes familles d'esprit : les méditatifs purs et les théoriciens d'une part, auxquels allaient ses préférences, et les hommes d'action, les esprits critiques et réalistes d'autre part. Sainte-Beuve souligna l'opposition mais il se réclamait des seconds. « Moi j'aime mieux un livre qui est surtout la vie », dit-il un jour (1) et, quelque temps après, il donnait à Octave Feuillet cet avertissement tout médical :

« *Que l'anatomie profonde, la physiologie humaine ne soient point absentes sous vos plis et vos draperies; que l'on sente la vraie chaire et le vrai sang, jusque sous la soie et les dentelles* ». (2)

De même, nul doute que la médecine n'ait contribué à aiguiser chez lui le sens critique. De son temps, plus encore que du nôtre, il était nécessaire qu'à la multiplicité des doctrines, le médecin opposât un esprit critique excessivement développé.

Il importe, en effet, de bien situer Sainte-Beuve dans le milieu médical de son temps. Nous sommes enclins à

---

(1) Nouveaux lundis, IV, 93.
(2) Ibidem, V, p. 37..

nous imaginer que les doctrines et les méthodes, qu'employaient nos prédécesseurs, procédaient du même principe que les nôtres. Et pourtant en 1825 on ne savait guère encore qu'observer, décrire des symptômes; Laënnec commençait à peine à introduire la classification anatomo-clinique ; pendant plusieurs années on en restera à cette étape organicienne ; puis Claude Bernard renouvellera les procédés d'investigation par l'expérimentation ; la bactériologie avec Pasteur, la chimie, la physique, sont devenues depuis les auxiliaires indispensables, non seulement du physiologiste, mais du praticien contemporain, si bien qu'actuellement, suivant l'expression de M. le Professeur Widal, « le médecin doit suivre d'un œil attentif les progrès réalisés dans toutes les sciences. Un fait constaté dans un domaine qui nous est parfois complètement étranger peut avoir pour nous des applications inattendues» (1). Sainte-Beuve, vivant en d'autres temps, n'avait pas une formation aussi scientifique ; on lui avait surtout appris à observer.

Cette mise au point permet de répondre à une objection qui vient naturellement à l'esprit quand on lit les Lundis et les Nouveaux Lundis. Les articles, compacts, touffus, ne laissent voir aucun plan apparent. L'auteur prend son sujet « par tous les bouts » ; tous les traits, tous les symptômes sont jetés pêle-mêle. Le lecteur d'aujourd'hui ne reconnaît pas l'ordre presque géométrique des observations modernes. Cependant, a-t-il la prétention d'exiger de Sainte-Beuve une systématisation lit-

(1) Professeur Widal. Leçon inaugurale : « les orientations de la médecine », p. 43.

téraire que la médecine n'avait pas encore atteinte? N'est-il pas évident qu'un critique qui utiliserait dans son art les principes de l'actuelle clinique, créerait une œuvre plus harmonieuse ? Taine, déjà, imbu lui aussi des méthodes positives, marquera un progrès.

D'ailleurs Sainte-Beuve qui comptait parmi ses amis de nombreux médecins et suivait passionnément les travaux de Claude Bernard et de Pasteur se rendait parfaitement compte qu'il appartiendrait à ses successeurs et non à lui de perfectionner, et d'adapter le genre qu'il avait créé, aux nouvelles découvertes :

« *Je me suis borné à être un naturaliste des esprits ; il appartiendra à d'autres d'organiser une science des esprits* ».

Et à propos de Flaubert :

« *En bien des endroits et sous des formes diverses, je crois reconnaître des signes littéraires nouveaux : science, esprit d'observation, maturité, force, un peu de dureté. Ce sont les caractères qui semblent affecter les chefs de file des générations nouvelles. Fils et frère de médecins distingués, M. Gustave Flaubert tient la plume comme d'autres tiennent le scalpel. Anatomistes et physiologistes, je vous retrouve partout.* » (1)

*
* *

Nous limiterons strictement notre sujet au cadre que nous venons de lui assigner. Nous aurions aimé, conformément à notre premier projet, le développer large-

(1) Nouvelle correspondance, p. 145.

ment : Nous aurions voulu montrer l'intérêt que Sainte-Beuve porta toute sa vie aux choses et aux gens de la médecine ; ses meilleurs amis, Veyne, Paulin, Piogey, étaient médecins. Cl. Bernard le visitait sur ses derniers jours ; il rencontrait souvent Charles Robin ; correspondait avec Pasteur, Raspail, Gabriel Tourdes, etc... Parmi ses secrétaires, plusieurs, tels Troubat et Lacaussade, étaient d'anciens carabins. La médecine l'a pour ainsi dire poursuivi... et son style aussi, émaillé d'innombrables métaphores d'amphithéâtre, trahit ses origines. Il nous aurait plu enfin de colliger les jugements qu'il a portés sur la médecine et les médecins, ses propres opinions médicales, car il en avait. Malheureusement, si le temps, hélas, ne nous a pas manqué, la place matérielle nous fait défaut. C'est pourquoi nous ajournons la publication de notre travail d'ensemble, dont notre thèse sera l'introduction naturelle.

PREMIÈRE PARTIE

Biographie

CHAPITRE PREMIER

Les origines et la race de Sainte-Beuve.

Sommaire. — **Ses ancêtres, son père, sa mère**

Sainte-Beuve a dit quelque part :

« *Si l'on connaissait bien la race (physiologiquement), on aurait un grand jour sur la qualité secrète et essentielle des esprits...*

Il faut étudier tout individu distingué, s'il est possible, dans ses parents, dans la mère, dans la sœur, dans le frère, dans les enfants mêmes ; il s'y retrouve des linéaments essentiels qui sont souvent masqués dans celui qui les combine en lui et les rassemble ; le fond se retrouve plus à nu et à l'état simple dans les parents. » (1)

Cependant, il se soucia fort peu d'étudier sa propre ascendance. Ses travaux ne lui ont pas laissé le temps nécessaire pour fouiller les vieux papiers de famille

(1) Ste-Beuve. Cahiers 1847, P. 70.

ou les archives. Il se contentait d'avoir appris, par sa tante, que ses ancêtres paternels étaient Picards. (1)

Léon Séché, avec le secours du Dr Delaporte, a dressé son arbre généalogique (2). Il descendait d'une vieille famille normande, dont on retrouve les traces dès le XIe siècle. Vers le XIVe, la souche primitive s'était divisée en deux branches. A l'une était échu l'héritage ancestral ; c'est à elle qu'appartint le Docteur Janséniste Jacque de Sainte-Beuve. L'autre, dont le critique constitua le dernier et le plus illustre rameau, s'était établie à Moreuil, en Picardie, où, pendant plus de cinq cents ans, elle avait fourni, soit au clergé, soit à l'administration, d'excellents serviteurs. La « race » de Sainte-Beuve se composait de prêtres et de fonctionnaires.

Du fonctionnaire, n'avait-il pas au moins l'exactitude, l'esprit méthodique, classificateur, l'ordre avec même la minutie parfois exagérée ?

---

(1) « Je sais très peu de choses sur le passé de ma famille paternelle, et ce peu, je l'ai su d'une tante qui a élevé mon enfance. Mon grand-père et mon arrière grand-père paternels étaient de Moreuil où ils étaient notables ou maires, du moins le bisaïeul. C'est dans les registres de l'état civil de Moreuil, où mon père est né également, que vous pourrez trouver la réponse la plus probable à la question sur laquelle je regrette de ne pouvoir mieux vous renseigner » (*Nouvelle Correspondance*, p. 385).

Voir aussi : Port Royal, IV, p. 564 où il déclare ne pas savoir s'il est ou non parent avec le Docteur janséniste Jacques de Ste-Beuve. Dans le même passage il nous apprend que, s'il ne porte plus la particule, c'est « parce qu'elle a été omise par les témoins sur son acte de naissance, et que, n'étant pas noble, il a tenu à éviter jusqu'à l'apparence de vouloir se donner pour ce qu'il n'était pas ».

(2) Léon Séché, Ste-Beuve. Paris 1904, Tome I, Chapitre I.

Du prêtre, il avait, paraît-il, l'aspect physique: Séché, considérant le portrait classique de « l'Oncle Beuve », rasé et bedonnant, coiffé de la petite calotte légendaire, souriant, un peu narquois, pense à quelque prélat épicurien (1). Déjà Troubat, quand il était allé se présenter à son Maître avait remarqué que celui-ci « lui avait touché la main sans la serrer, et tendu les doigts réunis à la manière des prêtres » (2), et Lamartine avait comparé son intérieur de la rue Montparnasse, au « presbytère d'un aimable curé de campagne » (3).

La ressemblance, pour certains, allait plus loin ; il aurait fait un excellent ecclésiastique si nous en croyons Victor Pavie qui le prétend « né pour porter la soutane » (4), et lui-même qui dit un jour qu' « en d'autres temps, il eut été dans les ordres et eut aimé à devenir cardinal » (5).

Chacun interprêtera, selon son goût et sa foi dans les lois héréditaires, les déclarations précédentes ; mais il semble indubitable qu'il tenait de ses aïeux ce penchant persistant qui le ramenait sans cesse vers les discussions théologiques. Une filiation naturelle rattache l'auteur de Port-Royal et son lointain parent Janséniste.

Il descendait plus directement encore de son père et de sa mère.

Physiquement, il ressemblait à sa mère ; Mme Sainte-Beuve, née Augustine Coilliot « alliait en elle le sang des

(1) Rapporté par Séché loc. cit., p. 23.

(2) Troubat. Souvenir du dernier secrétaire de Ste-Beuve, p. 247.

(3) Alfred Choisy : Ste-Beuve, p. 13.

(4) Séché Ibidem.

(5) Voir : « V. Pavie, sa jeunesse et ses relations littéraires » (Ouvrage cité par Séché eodem loco).

vieux marins boulonnais et des marchands anglais ». Elle était la fille de Thomas Canne et de l'anglaise Marguerite Middleton. Quelques auteurs ont insisté sur cette origine britannique : elle aurait favorisé le penchant qui portait Joseph Delorme vers la poésie *des lakistes* ; il sympathisait beaucoup avec les Anglais (1).

On a souvent noté qu'il avait des attitudes féminines. Dès sa jeunesse, il était exagérément coquet et soigné de sa personne, poli, obséquieux dans l'accueil. Ces tendances s'exagérèrent, et, sur les 60 ans, quand le soir il s'enveloppait le front d'un turban on l'aurait pris pour sa mère âgée (2). Sa susceptibilité n'avait rien de viril et le rapprochait encore de ses ascendants féminins. (3)

Mais, intellectuellement, Sainte-Beuve avait hérité de son père et c'était un bel héritage. Monsieur de Sainte-Beuve, fidèle à la tradition familiale, était contrôleur des

---

(1) Il eut en particulier pour condisciples puis pour amis, les deux anglais Arthur et Charles Neate que nous retrouverons souvent.

(2) Choisy. loc. cit.p. 226, et la note suivante de Troubat dans les Nouveaux lundis, XIII, pp. 34 et 35 : « Son fils lui ressemblait beaucoup. Quelqu'un qui avait bien connu Mme Ste-Beuve et qui a le droit d'avoir un avis sur ces matières (probablement les Docteurs Veyne ou Paulin), répétait souvent à Ste-Beuve qu'il vivrait jusqu'à l'âge de sa mère. C est à quoi du moins il paraissait destiné pour qui le voyait tous les jours de bien près .... »

(3) On a dit que par sa race, Ste-Beuve avait une hérédité complexe : à l'ascendance picarde, il devait la tendance colérique et positive de son esprit ; à l'ascendance anglaise, son amour de la poésie intime ; à l'ascendance boulonnaise, ces « qualités sagaces, modérées et circonscrites » qu'il trouve chez Daunou et qu'il dit constituer le vieux fond boulonnais. A notre sens le « vieux fond boulonnais » prédomine, et il serait excessif d'attribuer à cette véritable formule héréditaire, une précision mathématique.

douanes à Boulogne, quand naquit le poète. C'était un fonctionnaire modèle, très apprécié par ses pairs et par ses supérieurs, parfaitement équilibré et méthodique en toutes choses.

C'était surtout un esprit attiquement cultivé. Il s'était constitué une petite bibliothèque où Virgile et Homère occupaient la place d'honneur. Il lisait et relisait ses chers auteurs le crayon à la main, inscrivant en marge les réflexions que lui suggérait sa lecture. Sainte-Beuve avait les mêmes habitudes et ses livres aussi étaient couverts de notes. (1) Joseph Delorme a fait lui-même le rapprochement.

« Mon père ainsi sentait. Si né dans sa mort même
Ma mémoire n'eut pas son image suprême,
Il m'a laissé du moins son âme et son esprit,
Et son goût tout entier à chaque marge écrit. (2)

---

(1) « J'ai là, rassemblées autour de moi, dit Troubat, en ce moment, les reliques de Ste-Beuve père. Ce sont pour la plupart des livres couverts de remarques et annotations manuscrites, comme ceux qui composaient la bibliothèque de son fils, aujourd'hui dispersée ; on dirait que le père a transmis au fils en mourant tous ses gouts avec sa manière d'étudier, la plume ou le crayon à la main. Et ce ne sont pas seulement des livres mais des lambeaux de papier, évidemment ce qu'il trouvait à sa portée, et qui lui servaient à fixer sur le champ un mémorandum improvisé. S'il n'écrivait pas, s'il ne faisait rien imprimer, il prenait des notes (*Nouveaux Lundis*) (XIII, 40, 41) ». « Comme son fils, ajoute Troubat, M. Sainte-Beuve père aimait les rapprochements, les citations ». N'est-il pas curieux de constater qu'il avait lui aussi le souci du détail médical ? ainsi la remarque suivante trouverait aisément sa place dans un Lundi : « Couthon était cul-de-jatte ; il n'avait d'animé que le buste ».

(2) Pensées d'Août, in Poésies compl., éd. Lemerre, Tome II, page 314.

Mais il y a plus, le père et le fils se ressemblaient jusque dans leurs écritures. A tel point que Morand, trouvant un almanach des Muses noirci d'inscriptions et signé Sainte-Beuve, crut avoir trouvé un autographe du critique : c'était un volume de son père. (1)

Nous concluerons donc avec Léon Séché qu'il fut moins le fils de sa mère que de son père (2).

---

(1) D'Haussonville, op. cit., p. 122.

(2) Séché ajoute : « On peut dire que les hommes à grande imagination, comme Lamartine, Hugo, Vigny, pour ne citer que ces trois noms, sont plutôt fils de leurs mères ; et que ceux qui ont l'esprit critique, d'analyse et de raisonnement, tiennent plutôt du sang paternel ». Op. cit, I, p. 16.

CHAPITRE II

L'enfance à Boulogne

(1804-1818)

SOMMAIRE. — **La naissance de Sainte Beuve et les circonstances qui l'entourèrent :** influence de l'époque ; le deuil de sa mère enceinte ; l'âge de ses procréateurs (Sainte Beuve « enfant de vieux ».

Son éducation : élevé uniquement par des femmes et des femmes âgées ; pauvreté de sa famille ; le milieu boulonnais.

Son instruction : ce qu'était la pension Blériot ; ses premiers maîtres ; l'enseignement qu'il y reçut ; ses camarades ; ses succès scolaires.

Son psychisme au départ pour Paris : curiosité intellectuelle ; religiosité ; sensualité naissante.

Charles-Augustin Sainte-Beuve naquit à Boulogne-sur-Mer, dans la basse ville, au numéro 16 de la rue du Pot d'Etain, le 2 nivôse an XIII (23 décembre 1804) (1).

Ses premières années s'écoulèrent dans le cadre glorieux du premier Empire, et il grandit au sein de cette génération qui vécut successivement les heures d'Austerlitz et de Sainte-Hélène, qui connut également le triomphe de la victoire et l'amertume de la défaite, et qui, après avoir vu abattue l'idole en laquelle elle avait placé toute sa foi, sembla ne plus vouloir s'attacher dé-

(1) Voir Livre d'or de Ste-Beuve. F. Bournon : Les origines, les premières années de Boulogne, p. 287.

sormais à aucun système. Sainte-Beuve n'oubliait jamais de situer dans le temps ses personnages, et expliquait son propre scepticisme, ses perpétuelles hésitations, par l'époque même de sa naissance.

« *Notre siècle à nous, en débutant par la volonté gigantesque de l'homme dans lequel il s'identifia, semble avoir dépensé tout d'un coup sa faculté de vouloir, l'avoir usée dans ce premier excès de force matérielle, et depuis lors il ne l'a pas retrouvée. Son intelligence s'est élargie, sa science s'est accrue; il a étudié, appris, compris beaucoup de choses et de beaucoup de façons ; mais il n'a plus osé, ni pu, ni voulu vouloir. Parmi les hommes qui se consacrent aux travaux de la pensée et dont les sciences morales et philosophiques sont le domaine, rien de plus difficile à rencontrer aujourd'hui qu'une volonté au sein' d'une intelligence, une conviction, une foi. Ce sont des combinaisons infinies, des impartialités sans limites, de vagues et inconstants assemblages, c'est-à-dire, sauf la dispute du moment, une indifférence radicale. Ce sont, en les prenant au mieux, de vastes âmes déployées à tous les vents, mais sans une ancre quand elles s'arrêtent, sans une boussole quand elles marchent. Cette excroissance démesurée de la faculté compréhensive, constitue une véritable maladie de la volonté, et va jusqu'à la dépraver ou l'abolir.* » (1)

Quand Sainte-Beuve vint au monde, sa mère l'accueillit par des sanglots, portant le deuil récent de son époux : le berceau de l'enfant « posa sur un cercueil » (2). Son

(1) Portraits contemporains, I, p. 135-136.

(2) Les « Consolations » Poésies., Edit. Lemerre, tome II, p. 34.

père, qu'il ne connut point, venait de mourir d'une esquinancie, laissant sa femme enceinte du poète.

Ce dernier admettait jusque dans leurs dernières conséquences les lois de l'hérédité : à ses yeux les émotions maternelles pendant la période de gestation se transmettaient fatalement au fœtus et retentissaient sur les dispositions ultérieures de l'homme ; c'est à cette cause éloignée qu'il attribuait pour beaucoup sa tristesse native. En 1862, un certain M. de Frarrière publia un livre sur « *Les influences maternelles pendant la gestation* » et il envoya un exemplaire à Sainte-Beuve en le priant de bien vouloir le lire et lui donner son avis. Le critique lui répondit que l'idée essentielle lui paraissait incontestable, mais il lui reprochait d'avoir traité la question plus en homme de lettres « qu'en homme de science ». Il terminait en apportant à l'auteur son observation personnelle :

« *J'ai moi-même un fait à vous produire à l'appui de cette influence. Ma mère a perdu mon père la première année de son mariage; elle était enceinte de moi, elle m'a donc porté dans le deuil et la tristesse ; j'ai été abreuvé et baigné de tristesse dans les eaux mêmes de l'amnios. Eh bien, j'ai souvent attribué à ce deuil maternel la mélancolie de mes jeunes années et ma disposition à l'ennui.* » (1)

Sainte-Beuve allait plus loin, il croyait à l'hérédité conceptionnelle ; or, quand ils le conçurent, ses parents avaient tous deux dépassé la cinquantaine. On a remar-

(1) Lettre du 25 juin de Sainte-Beuve à M. de Frarrière (Correspondance, I, p. 298.

qué souvent qu'au physique il eût de bonne heure l'air vieillot ; de Bonnières a dessiné un portrait de Sainte-Beuve à 9 ans, tout à fait le portrait d'un enfant de vieux :

« *Une tête allongée en forme de poire, trop grosse pour son corps ; des cheveux d'un blond qui tire sur le roux, fins et durs ; un menton court ; une bouche boudeuse, des yeux tristes qui vous regardent comme s'ils allaient pleurer. Ses camarades l'avaient surnommé le matou à cause de sa tête enfoncée dans ses épaules...* » (1).

Dans l'ordre moral et intellectuel, sa précocité étonna ses maîtres, mais ne le surprit point : il y voyait la conséquence naturelle de l'âge avancé de ses générateurs :

« *Comment ai-je eu dès l'enfance une vocation littéraire si prononcée, mêlée à ma disposition rêveuse ? Je me l'explique très bien physiologiquement, quoiqu'en remontant je ne retrouve rien de littéraire dans ma famille. Mais mon père avait fait de bonnes études, et depuis il avait toujours cultivé la chose littéraire avec amour, avec goût. Homme sobre et de mœurs continentes, il m'a eu à plus de cinquante ans, quand son cerveau était le mieux meublé et que toute cette acquisition littéraire qu'il avait amassée pendant sa vie avait eu le temps de se fixer avec fermeté dans son organisation. Il me l'a transmise en m'engendrant et, dès l'enfance, j'aimais les livres, les extraits des auteurs, les notices littéraires, en un mot ce qu'il aimait. Le point où mon père était arrivé s'est trouvé logé dans un coin de mon*

(1) Voir les conférences de M. Bellesort sur « Sainte-Beuve et le dix-neuvième siècle ». Revue Hebdomadaire, 1927, p. 10.

cerveau à l'état d'organe et d'instinct, et a été mon point de départ. » (1)

*

* *

Ainsi rattachait-il sa précocité intellectuelle et ses dispositions mélancoliques à la maturité de son père lorsqu'il l'engendra et au deuil de sa mère enceinte. En réalité, les circonstances de son éducation première s'ajoutèrent à ces causes congénitales pour renforcer les tendances naturelles de l'enfant.

« *Son enfance, dit M. Bellesort, eût la teinte grise des longs après-midi du dimanche, sous un ciel voilé, dans une petite ville assoupie, où des figures sans âge regardent derrière leurs vitres l'herbe qui pousse entre les pavés* » (2).

Petites rues étroites, où toutes les maisons, basses et serrées, taillées sur le même modèle, noyées dans la brume, se disputent les pâles rayons d'un soleil presque toujours absent, telles sont les perspectives boulonnaises. En 1809, on dut quitter le logis natal de la rue du Pot d'Etain, par raison d'économie, et émigrer rue des Vieillards. Madame Ste-Beuve n'avait d'autres ressources que la petite rente servie par l'administration des douanes.

Le jeune Charles-Augustin grandit en cet étroit milieu, élevé par deux femmes également âgées et tristes: sa mère et sa tante Marie-Thérèse qui, veuve aussi, habitait avec eux. Nul doute que, suivant la remarque

(1) Cahiers de Ste-Beuve, p. 64-65.
(2) Bellesort., loc. cit., p. 7.

d'André Bellesort (1), il n'ait gardé l'empreinte de cette éducation féminine:

« *Entre ces deux veuves l'enfant grandit comme un petit monde mystérieux se forme à la surface des eaux. Il ne connut pas la gaîté de l'enfance. Les jeunes mères s'amusent avec leurs petits garçons ; elles savent du moins les amuser. Elles ont pour eux des câlineries joyeuses, des coquetteries de sœur aînée, des rires. Leur jeunesse se souvient des jeux du premier âge. Mais Madame Sainte-Beuve ne riait guère et ne jouait pas. Sa belle-sœur plus causeuse aimait à raconter à l'enfant la vie de son père et leurs souvenirs communs, et l'enfant l'écoutait gravement... Il était né un peu vieille fille. Celui qu'Alfred de Musset appellera un jour Madame Pernelle prit de bonne heure dans ce milieu de femmes âgées, dans les voisinages de la rue des Vieillards, le goût des commérages, des petites inquisitions, des confidences qu'on se fait sur le pas des portes.* » (2)

*

* *

Madame Sainte-Beuve aimait beaucoup son fils, le considérait comme un petit prodige, et ne vivait que pour lui. Quand il eût atteint sa neuvième année, elle décida de lui donner une instruction solide. Malgré la dépense, elle n'hésita point et l'envoya suivre, en qualité d'externe, les cours réputés de l'institution Blériot (3).

(1) Bellesort, loc. cit., p. 7.
(2) Bellesort, loc. cit., pp. 9 et 10.
(3) Consulter sur l'institution l'article que lui a consacré Hamy dans le livre d'or de Sainte-Beuve, p. 297.

Louis Blériot dirigeait en effet à cette époque un établissement fort estimé ; son passé, autant que ses qualités pédagogiques, avaient attiré à lui une grande partie de la jeunesse boulonnaise. Né orphelin en 1769 dans un modeste village des Flandres, il avait été élevé par un curé qui l'avait destiné à l'état ecclésiastique, et c'est sous l'habit de la doctrine chrétienne, qu'il avait enseigné avant la Révolution. Puis, en 1792, jetant délibérément son froc aux orties, il s'était marié. Six ans plus tard, le 17 février 1798, il avait résolu d'exploiter pour son propre compte une petite école, établie dans l'ancien hôtel des Ducs d'Aumont, « qui avait vu passer jadis Louis XIV et Jacques II, Mazarin et Turenne » (1). La petite école, dans ce cadre historique, s'était rapidement transformée en une sorte de collège secondaire, où les principaux fonctionnaires de la cité, Voltairiens pour la plupart, avaient l'habitude d'envoyer leurs enfants, eu égard au passé de l'entreprenant pédagogue.

Blériot s'était adjoint deux autres maîtres : De l'un, Joseph Le Roy, Sainte-Beuve n'a jamais parlé. Il avait gardé très bon souvenir de l'autre, l'oratorien défroqué, Edouard Luglien Clouet, avec lequel il conserva longtemps de bonnes relations et qu'il trouvait « fort bon maître et humaniste ».

Tout hommes de la révolution qu'ils étaient, ces maîtres n'avaient guère modernisé leurs méthodes d'enseignement. Ils n'avaient point abandonné la férule, et les sciences ne figuraient pour ainsi dire pas dans les programmes. L'appréciation suivante que l'on doit à Hamy,

(1) Hamy, loc. cit.

qui, quelques 30 ans plus tard, succéda à Sainte-Beuve sur les bancs de l'Institution, en témoigne :

« *Le vieux Maître (Blériot) était immuable dans ses pratiques comme dans son costume et son école était vraiment demeurée une école de l'ancien régime !*

Sans aucune brutalité il était partisan de la correction corporelle. et le fameux bâton au bout brûlé, dont il ne se séparait jamais, jouait parfois son rôle dans les questions de discipline intérieure. Il avait aussi des pratiques, aujourd'hui tout à fait oubliées, pour entretenir l'émulation parmi les travailleurs: le résultat des compositions, par exemple, était matériellement exprimé par la place occupée par l'enfant ; comme chacun avait son pupitre mobile sur la table commune, on se déplaçait à chaque épreuve et le sujet examiné suivant qu'il avait gagné ou perdu, s'approchait ou s'éloignait du premier rang. Aussi fallait-il voir l'ardeur avec laquelle chacun se ruait vers la première table et la place d'honneur ! Autre habitude moins archaïque ; on récitait en chœur, on chantait même des vers d'allure vieillotte qui me sont restés en mémoire...

En classe, on récitait, on lisait, on allait au tableau... La littérature était tout à fait nulle et, quant à l'histoire, elle remontait au règne de Pharamond, dont l'authentique portrait ornait notre livre de classe. Pas la moindre géométrie, pas de physique non plus, ni de chimie, ni de sciences naturelles ; pas une figure se rapportant à l'une ou à l'autre de ces sciences. Les seules planches murales étaient de mauvaises cartes jaunies et illisibles, dont jamais je n'ai vu personne se servir...

Les « leçons de choses », comme nous disons aujour-

d'hui, étaient complètement absentes, et c'est par accident qu'un jour d'éclipse, en noircissant des verres pour regarder les phénomènes qui allaient se passer au ciel, un brave sous-maître nous donna des explications que je n'ai jamais oubliées. Telle était, s'il m'en souvient bien, la vie scolaire à la pension Blériot, il y a un peu plus d'un demi-siècle; telle elle avait été sans aucun doute au temps plus éloigné des Mariette et des Sainte-Beuve, avec un peu d'histoire et de littérature et beaucoup de latin en plus, car du grec il n'en fallait rien dire; Sainte-Beuve dut l'apprendre plus tard ». L'instruction religieuse n'avait pas non plus été supprimée : « Sans être dévot, Blériot n'aurait jamais manqué de conduire ses enfants à la messe du dimanche ; les grands suivaient le catéchisme à l'église Saint-Nicolas et le doux abbé Leuilleux, mort archevêque de Chambéry, venait de temps en temps visiter les petits. » (1)

Tel était le milieu archaïque et étroit où l'esprit de Sainte-Beuve se développa d'abord; il y reçut une instruction purement théorique et livresque ; elle ne lui découvrit qu'un tout petit coin des connaissances humaines. Cependant, poussé par son désir de tout voir et de tout comprendre, l'enfant sut élargir par des lectures personnelles le cercle de ses études scolaires. Il ne s'amusait jamais et ses condisciples l'avaient surnommé « le philosophe ». Rêveur et solitaire, il ne frayait guère avec les autres enfants : plusieurs, pourtant, devinrent illustres : tels François Gorré plus tard chirurgien et membre de l'Académie de Médecine; Liévin Laîné, arrière

(1) Hamy, loc. cit.

neveu de l'abbé Prévost, plus tard directeur de l'Intérieur, etc... Tout son temps était occupé par le travail.

*

* *

Il se lia cependant d'une amitié fraternelle et éternelle avec Eustache Barbe, le futur abbé-philosophe. Les deux amis, inséparables, trouvèrent encore le moyen de se réunir lorsque l'un d'eux, Barbe, eût quitté la pension Blériot :

Une grande intimité s'était établie entre ce jeune homme et moi, et, même après qu'il fût entré dans l'institution Haffreingue, nous allions d'ordinaire faire ensemble de longues promenades les après-midi des jeudis, dans les allées des environs ou le long des rivages et des grèves (1).

Barbe sentait déjà en lui la vocation religieuse et Sainte-Beuve, portant héréditairement le goût des discussions métaphysiques, aurait bien voulu se laisser convaincre.

Des désirs d'un tout autre ordre se mêlaient à ces aspirations religieuses. Bien qu'il n'eût rien d'un Adonis, par ses prévenances, son sourire, les compliments qu'il savait si bien tourner, il plaisait à ses petites camarades et le jeune garçon se prenait souvent au jeu :

« *De jolis yeux, un frais minois, un grain de coquetterie naturelle aux filles d'Eve, et le cœur de notre collégien était pris, la tête se montait et il voguait en plein dans les régions éthérées* ». (2)

---

(1) Voir les notes et remarques imprimées en tête de la table des Lundis et les Pensées d'août, p. 245.

(2) Article de Lefèbvre dans le livre d'or, p. 303.

A vrai dire, il ne voguait pas toujours si haut et déjà ressentait les tourments de sa sensualité naissante.

« *En secret sa jeune imagination allumait la flamme qui devait lui être si fatale un jour.* » « *Il y avait, dit-il autre part, à propos des textes latins qu'on expliquait en classe, des passages obscurs et suspects pour moi de volupté qui me donnaient d'avance la sueur au front et sur lesquels je courais comme sur des charbons de feu.* » (1)

Il eût de petites aventures, innocentes pour la plupart, mais qu'il n'oublia jamais.

Sainte-Beuve eût tôt fini sa rhétorique et, en 1818. chargé de prix et de lauriers, sentant l'imperfection de l'instruction qu'il avait reçue à Boulogne, obtînt de sa mère d'aller la parfaire à Paris.

Il quittait Boulogne en 1818 avec l'ardent désir d'appliquer largement ses facultés intellectuelles exceptionnellement développées et une sensualité chaque jour plus exigeante ; et nous ne saurions mieux définir l'état d'âme de Sainte-Beuve qu'en reproduisant cette phrase de M. Bellesort :

« *Une intelligence très vive, une sensibilité que la religion émeut profondément, un penchant à la volupté aiguillonné de crainte, voilà ce que nous distinguons très nettement chez l'adolescent qui, à treize ans et demi, a terminé ses études,.... et obtient de sa mère qu'elle l'envoie à Paris* ». (2)

---

(1) Bellesort, p. 11-12.
(2) *Ibidem*, p. 12.

CHAPITRE III

Première étape vers les sciences et le matérialisme.

(1818-1823)

SOMMAIRE. — **Sainte-Beuve à Paris** : ses nouveaux maîtres (Chasles, Landry, Dubois) tous esprits libres.

Influences matérialistes qu'il subit : liaison avec les survivants de la Société d'Auteuil : Daunou, Fauriel, Destutt de Tracy. — Ses lectures : Condillac et Cabanis.

Le résultat : évolution vers les sciences ; Sainte-Beuve à l'Athénée, premier pas vers l'Ecole de Médecine.

Dès que Sainte-Beuve fût arrivé à Paris, et sans aucune transition, il fût placé sous la direction de nouveaux maîtres qui livrèrent de rudes assauts à ses convictions religieuses. Ils ne se contentaient pas, comme Blériot, de ménager les susceptibilités de leur clientèle en voilant sous une apparence de laïcité, un enseignement d'ancien régime. Ils se réclamaient des écoles philosophiques du dix-huitième siècle le plus avancé ; ils ne dissimulaient point leur matérialisme et le présentèrent à leur élève comme le fondement naturel des méthodes scientifiques. Ils surent lui inoculer en même temps que l'amour des sciences, leurs théories métaphysiques qui étaient de n'en point avoir. La foi de Sainte-Beuve n'était pas fortement enracinée et chancela rapidement sous les coups de ces ardents initiateurs.

Le premier d'entre eux, Pierre-Jacques-Michel Chasles, le père de Philarète Chasles, fut chargé de lui donner des leçons de latin. En effet, Madame Sainte-Beuve jugea, non sans raison, que son fils était insuffisamment préparé pour suivre avec fruit les cours d'une institution parisienne. En quête d'un répétiteur, elle demanda conseil à son beau-frère, François-Théodore de Sainte-Beuve qui tenait un commerce de vins à Paris, place Dauphine. Chasles, ami de ce dernier, lui fut recommandé.

Révolutionnaire farouche, dont les mains étaient encore rouges du sang de la royauté, Chasles était un de ces nombreux prêtres défroqués qui, assez bons humanistes, vivaient des répétitions qu'ils donnaient. Mais il se signalait entre tous par l'intransigeance de ses doctrines. (1) Cet ancien chanoine, qui avait compté au chapitre de Tours, ne s'était pas embarrassé de scrupules pendant la Révolution : Son froc dédaigneusement rejeté, il s'était marié. Bientôt maire de Nogent-le-Rotrou, puis député de l'Eure-et-Loir à la Convention, il avait siégé sur les bancs les plus élevés de la Montagne et voté la mort de Louis XVI. Ce verdict ne lui avait point porté bonheur : Quelques temps après, nommé Commissaire aux armées du Nord, il avait été blessé à la jambe, puis arrêté comme Maratiste pendant la journée du 12 Germinal an III et enfermé dans le fort de Ham. A peine rendu à la liberté, traqué par le Direc-

(1) Séché, Op. cit., p. 42-43.

toire comme fauteur des troubles, il avait été recueilli par l'oncle de Sainte-Beuve, plus modéré que lui, mais chaud patriote : De là datait leur amitié.

Sainte-Beuve suivit pendant quelques semaines l'enseignement de cet homme dur et autoritaire. Mais ses progrès furent rapides. D'autre part, Mme Sainte-Beuve s'accommodait mal du bouillant précepteur et gardait toujours un fâcheux souvenir de sa première entrevue avec lui, au cours de laquelle Chasles, pour donner la preuve de ses talents pédagogiques avait fait monter son fils sur la table et déclamer de mémoire tout un chant d'un poème antique ! (1)

Aussi Chasles fut-il bientôt quitté et son élève confié aux bons soins de « Monsieur Landry », ancien Professeur à Louis le Grand. Celui-ci dirigeait, dans le somptueux hôtel de Lesdiguières, sis en la rue de la Cerisaie, (2) un genre d'établissement assez commun à cette époque et que l'on appelait une pension. Landry se chargeait simplement de la direction générale et de la surveillance des élèves qui chaque jour étaient conduits au collège Charlemagne dont ils suivaient les cours re-

---

(1) Ce même Chasles s'était rendu célèbre par une mystification retentissante dont il avait été victime. A grand renfort d'argent, il s'était procuré près de 27.000 autographes et quels autographes ! Des lettres d'Archimède à Hiéron, d'Alcibiade à Périclès, d'Alexandre le Grand à Aristote, de Ste-Madeleine à Lazare le Ressuscité, de Calligula, de Childebert, de Clovis, etc etc..... Quelle ne fut pas sa stupéfaction lorsqu'il fallut se rendre à l'évidence et avouer amèrement qu'il avait été dupé par un habile faussaire, nommé Vrain-Lucas, véritable champion de la mystification ; il lui en couta la somme de 140.000 fr.

(2) Voir article de Bournon sur les logis parisiens de Ste-Beuve (Livre d'or, p. 323) et Séché loc. cit. 45.

nommés. Sainte-Beuve fit sa troisième, sa seconde, et sa première année de rhétorique à Charlemagne, où il eut entre autres maîtres, Dubois, le futur fondateur et directeur du journal « le Globe », qui s'éprit pour lui d'une amitié paternelle (1). En 1822, la pension, quittant la vieille demeure historique de Lesdiguières, émigra rue Blanche ; les jeunes gens furent désormais dirigés sur le collège Bourbon, où notre élève termina ses humanités.

*
* *

Malgré son jeune âge, il avait remporté à Paris, comme à Boulogne, la plupart des premiers prix aux compositions hebdomadaires ; il avait été couronné deux fois au concours général. Toujours épris de littérature, essayant les premiers accords de sa lyre indécise, il avait pu assouvir sa soif de lectures : il se passionnait pour les auteurs contemporains . « J'ai lu René, et j'ai frémi... » (2), écrivait-il alors sur l'un de ses carnets, reconnaissant, dans le livre de Chateaubriand, quelques symptômes qu'il éprouvait déjà confusément lui-même. Et cependant Sainte-Beuve, si profondément imprégné d'une culture littéraire qu'il désirait, n'était point encore satisfait; il avoua plus tard que « lorsqu'il fit sa philosophie sous M. Damiron, il n'y croyait déjà plus » (3) ;

(1) On verra plus tard la suite des relations de Ste-Beuve et Dubois. On trouvera au tome XI des Lundis, p. 495 ; au tome XIII des Nouveaux Lundis, des jugements de l'élève sur son ancien maître, mort après une longue détention dans la maison de santé de Pinel (Portraits littéraires, I, 236), jugements pour la plupart dépourvus d'aménité.

(2) Mme Pailleron op. cit. p. 21.

(3) Nouveaux Lundis, XIII, p. 5.

les belles lettres ne lui suffisaient pas. Il oubliait ses devoirs religieux puisque, depuis 1820, il ne s'était plus confessé. En un mot, il s'acheminait progressivement vers le matérialisme et les sciences qu'il unissait par un lien indissoluble. Sans doute Chasles, l'intrépide conventionnel ; Landry et Dubois, esprits libres, ont-ils au moins amorcé cette évolution. Mais c'est à Daunou, l'illustre compatriote de Sainte-Beuve, que revient de droit l'honneur de l'avoir réalisée.

Ils s'étaient connus en septembre 1819 (1). L'élève jouissait en effet chez Landry d'une grande liberté (2) ; c'était un peu le fils de la maison ; il dînait à la table du maître, était traité en grand garçon, en petit homme (3). On lui accordait la faveur de sortir après son travail et il n'eut rien de plus pressé que d'aller visiter Daunou, boulonnais comme lui, dont il espérait la haute protection. Les deux hommes se plûrent, se trouvèrent un air de famille, et la petite patrie les rapprocha rapidement. Daunou attira chez lui le jeune homme dont il fut bientôt l'habile directeur de conscience.

Comme Chasles, Daunou, alors âgé de près de soixante ans, ancien oratorien, avait siégé à la Convention et défendu ardemment la cause républicaine. Mais il n'avait pas trempé dans les crimes de la Terreur :

---

(1) Nouvelle correspondance, p. 96.

(2) Nouveaux Lundis, XIII, p. 4.

(3) Ste-Beuve resta toujours en excellents termes avec Landry. Lorsque ce dernier fut mort, il conserva de bonnes relations avec ses fils et s'intéressa à leur triste situation. L'un, Théophile, fut paralysé de bonne heure : il vivait petitement avec son frère, « modeste serviteur de l'Université » (Correspondance, II, 89).

Il s'était contenté de prendre l'initiative de la plupart des lois concernant l'instruction publique et l'éducation. L'Empire, aussi bien que les excès révolutionnaires, l'avaient dégoûté de la politique et plongé dans une tristesse profonde :

« *Une angoisse inexprimable, écrivit plus tard Sainte-Beuve, s'était emparé de son âme, l'application lui était devenue impossible, la lumière odieuse, un simple coup de sonnette l'agitait et lui arrachait des larmes... On le menait promener au Jardin des plantes comme un débile convalescent... M. J. Chénier lui-même vers cette époque, et sous le coup des déceptions patriotiques, éprouvait un ébranlement de ce genre... J. J. Rousseau, on le sait, et B. de St-Pierre éprouvèrent aussi de telles crises ; ils n'y échappèrent qu'en conservant une teinte de misanthropie chagrine et une sensibilité plus ou moins aigrie. Daunou en triompha plus heureusement et retrouva son égalité d'humeur pour l'étude ; mais une méfiance secrète s'infiltra ou s'accrût en lui ; il eût lui, on peut le dire, sa misanthropie, non point exaltée comme J. J. Rousseau ou aigre-douce comme Bernardin, mais sa misanthropie studieuse.* »

Après avoir vu ses plus chères expériences trompées, Daunou en était venu à la doctrine du doute philosophique. Sainte-Beuve reconnut après la mort de son maître que certaines discussions qu'il eut avec lui, lui apprirent le scepticisme, « qui n'est ni la moins douce, ni la moins saine habitude que l'esprit humain puisse contracter ». Il ajoutait que cette attitude « lui plaisait et le touchait chez Daunou ; elle était conforme à la nature de cet esprit judicieux et craintif au moment où, battu des orages, il se retrouve dans la sphère paisible de l'étude et où il respire » (1).

Philosophe sceptique et pessimiste, Daunou était en outre radicalement « un disciple de Sieyès et de Condorcet, le sectateur et l'organe des méthodes dernières qu'avait produites le dix-huitième siècle, et dont ce siècle soi-disant sans foi, était finalement idolâtre, pour ne pas dire esclave » (2). Il ne connaissait et ne pratiquait que la méthode analytique, qu'il appliquait à toutes choses :

« *Esprit exact et scrupuleux s'il en fut, il ne croyait qu'à ce qu'il avait recherché et constaté* » (3).

Il pêchait même par excès et il en résultait une certaine sécheresse, une étroitesse de vue que Sainte-Beuve lui reprochera plus tard :

« *Habitué à trop accorder à la méthode, à la discipline, M. Daunou ne faisait pas d'acception intime, de distinction radicale entre les esprits... Ce qui lui manquait, c'était l'invention* » (4).

Imbu de ces principes, Daunou, est-il besoin de le dire, mit tout en œuvre pour pousser son jeune admirateur vers les études scientifiques. Fils d'un habile chirurgien Boulonnais (5), il était un des derniers vestiges de cette société d'Auteuil dont Condillac, Helvétius et Cabanis avaient été les principaux animateurs. Il lui vanta leurs livres qui furent pour Sainte-Beuve une révé-

---

(1) Portraits contemporains, III, 38.
(2) Loc. cit. p. 24.
(3) Loc. cit. p. 55.
(4) Loc. cit. p. 68-69.
(5) Loc. cit. p. 5. Ste-Beuve ajoute : « Ses goûts de lettré l'éloignaient de la chirurgie ! »

lation ; le jeune homme fut séduit et son œuvre entière se ressent de ces premières lectures. Sans doute répudiera-t-il dans la suite les « mauvais ouvrages d'Helvétius ou de d'Holbach ; le livre « *De l'esprit* », « mauvais ouvrage, superficiel, indécent en bien des endroits, et plus fait pour scandaliser encore un vrai philosophe qu'un évêque » (1) et où « la morale du XVIIIe siècle a été sophistiquée et matérialisée grossièrement » (2). Mais, bien qu'il n'ait jamais accordé son adhésion pleine et entière à Condillac dont la statue « où tous nos sens naissent l'un après l'autre, lui semblait être la dérision de la nature, laquelle les produit et les forme tous à la fois » (3), il se fit un jour son défenseur et écrivit en note d'un Lundi :

« *Une petite iniquité philosophique s'est introduite et s'est consacrée depuis* 1817 *et dans les années suivantes. M. Cousin, pour désigner l'Ecole adverse du dix-huitième siècle qui rattachait les idées aux sensations, l'a dénommée l'Ecole sensualiste. Pour être exact, il eût fallu dire sensationniste. Le mot sensualiste appelle naturellement l'idée d'un matérialisme pratique qui sacrifie aux jouissances des sens ; et si cela avait pu être vrai de quelques philosophes du XVIIIe siècle, de La Mettrie ou d'Helvétius, rien ne s'appliquait moins à Condillac, et à tous les honorables disciples sortis de son Ecole, les idéologues d'Auteuil, et leurs adhérents les Thurot, les Daunou, la sobriété même.* »

---

(1) Lundis, 18 ; II, 528, et VII, 323.
(2) Op. cit., III, p. 130.
(3) Lundis, X, p. 269. Voir aussi : Lundis, X, 266 267 ; Portraits contemp., III, 26, 15, 16 ; Portraits litt. 243.

Il reconnaissait la grande influence qu'eut l'Ecole de Condillac (1) :

« *Ces termes de sensation, d'expérience et d'analyse, ces traces de Condillac et de Lavoisier, reparaissent perpétuellement : ils sont là à l'état d'éruption si l'on veut, mais le style en reste gravé* » (2).

Enfin il donna un jour les conseils suivants à ses contemporains :

« *Si nous voulons imprimer une marche plus sûre à l'esprit humain, je pense que les nouveaux livres élémentaires devront différer des anciens beaucoup plus encore par la méthode que par les objets : il ne faudra point qu'ils aient pour base, des définitions scientifiques, des divisions abstraites, ou des principes généraux, mais des sensations pures ou les comparaisons d'idées qui se rattachent le plus immédiatement à de pures sensations. Enseigner, ce n'est pas dicter ce qu'il faut croire, c'est faire observer ce qui a été senti.* » (3)

Bien plus considérable encore fut l'influence qu'exerça sur lui la lecture des ouvrages de Cabanis. Nul n'a mieux que l'auteur des Lundis souligné l'importance des rapports du physique et du moral. Mais non content de transplanter dans le domaine de la critique littéraire les principes de Cabanis, à plusieurs reprises, il nous a donné la preuve explicite de son admiration pour ce physiologiste. Suivant la remarque de Latreille, lorsque Sainte-Beuve eût lu pour la première fois le

(1) Lundis, XI, 458-459.
(2) Portraits Contemporains, III, 27.
(3) Portraits Contemporains, III, 25.

livre sur « *Les rapports du physique et du moral* », il devint du coup matérialiste (1) ; il protesta bien quelques années plus tard contre la part d'exagération que ce système comportait. Après avoir montré l'erreur de La Mettrie comprenant « l'homme physiologique, par des poids, des leviers, des soupapes, et tout le gros attirail d'une mécanique vulgaire » (2), il ajoutait :

« *Cabanis allait plus loin que le médecin mécanicien, et descendait jusqu'aux rouages délicats de l'organisation. Mais ni Cabanis, ni La Mettrie n'appréciaient dans l'homme cette force souveraine et profonde qui lui donne la vie et l'âme.* » (3)

Mais ce qui lui plaisait le plus en Cabanis, c'était d'abord l'homme. Il se récriait et ne pouvait supporter les calomnies dont on accablait sa mémoire :

« *Cet écrivain, disait-il, qui souleva tant de clameurs, et qu'un ouvrage célèbre a fait considérer comme ayant voulu matérialiser tout l'homme, avait l'imagination brillante* ».

Et Sainte-Beuve de citer à l'appui le témoignage de Droz :

« *Toujours il rendait meilleurs ceux avec lesquels il conversait, parce qu'il les supposait bons comme lui, parce qu'il avait une entière persuasion que la vérité se répandra sur la terre, et parce que nul soin, pour la cause de l'humanité, ne pouvait lui paraître pénible. Ses paroles doucement animées coulaient avec une élégante*

(1) Voir les lettres de Ste-Beuve à Collombet publiées par Latreille, p. 118.
(2) Lundis, I, 251.
(3) Lundis, I, 252.

facilité. Lorsque, dans son jardin d'Auteuil, je l'écoutais avec délices, il rendait pour moi vivant un de ces philosophes de la Grèce qui, sous de verts ombrages, instruisaient des disciples avides de les entendre. » (1)

La conversation de cet homme encyclopédique était un charme. Nul ne l'aurait mieux appréciée que Sainte-Beuve :

« *Homme très instruit, versé dans les langues, lisant le grec et l'allemand, médecin aimant la poésie, et pas trop enfoncé dans la casse et la rhubarbe, comme il le disait de lui-même avec grâce, n'étant étranger à aucune branche des connaissances humaines, et de plus sympathique par nature aux meilleures et aux plus douces affections, il répandait sur les matières qu'il abordait une sorte de lumière agréable, dans laquelle, indépendamment de l'idée, se combinaient le coloris du talent et le reflet de la bienveillance.* » (2)

Ses sympathies allaient aussi au philosophe, au sage souriant, au sceptique éclairé qu'était Cabanis :

« *Cabanis, dit-il, (et je n'entends hasarder ici que mon opinion personnelle) n'est pas encore bien jugé de nos jours ; malgré un retour impartial, on ne me paraît pas complètement équitable. Les plus justes à son égard font l'éloge de l'homme et traitent un peu légèrement le philosophe. Cabanis l'était pourtant, et, si je m'en forme une exacte idée, autant qu'aucun de son temps et du nôtre, il l'était dans le sens le plus élevé, le plus honorable et le plus moral, un amateur éclairé et passionné de la sagesse. Je ne prétends pas le moins du*

(1) Lundis, III, 170.
(2) Portraits contemporains, II, 526-527.

monde, en m'exprimant de la sorte, m'engager de près ni de loin dans l'appréciation d'un système qui a peu de faveur, qui n'en mérite aucune à le juger par certains de ses résultats apparents, et dans lequel on est heureux de surprendre à la fin les doutes raisonnés de Cabanis lui-même ; mais ces doutes vraiment supérieurs ne sont-ils pas plus sérieusement enchaînés et peut-être plus considérables qu'il ne l'a dit ? » (1)

Sainte-Beuve n'eut pas la bonne fortune de connaître Cabanis ; il étudia néanmoins sur le vif l'Auteur des « Rapports du physique et du moral » en la personne de son élève Fauriel que le sceptique d'Auteuil chérissait à l'égal d'un fils :

« *L'ami filial de Cabanis, avoua-t-il, sera le devancier, l'initiateur secret, mais direct, l'inoculateur de la plupart des esprits distingués de ce temps-ci en histoire, en méthode littéraire, en critique* » (2)

Et cela parce qu'il continua et perfectionna avant de les transmettre les doctrines de son maître :

« *Il a été (je suis obligé d'emprunter à la physiologie une image), il a été comme un organe profond intermédiaire entre des systèmes d'esprits différents* » (3)

Daunou, Fauriel auraient suffit pour achever la conversion de Sainte-Beuve. Le hasard voulut joindre à eux un autre survivant et non des moindres de la Société d'Auteuil (4), une des plus pures figures de la Révolution : Destutt de Tracy, qui eut, suivant le mot si juste de

(1) Portraits contemporains, II, 523-524.
(2) Portraits contemporains, II, 483.
(3) Portraits contemporains, II, 484.
(4) Sur la Société d'Auteuil, consulter l'article documenté paru en janvier 1927 dans le Larousse mensuel illustré, n° 239.

Séché, « tant d'empire sur les dix-huit ans de Sainte-Beuve » (1).

Né le 20 juillet 1754 (2), l'héritier du clan écossais des « Stutt » avait d'abord épousé, sous l'ancien Régime, la carrière des armes ; à l'âge de 22 ans, il était déjà colonel au régiment Royal-Cavalerie. Cependant, il s'était épris des idées nouvelles. Il étudiait les questions sociales et comptait dans le cercle des admirateurs du patriarche de Ferney, lorsqu'éclata la Révolution. Il abandonna bientôt la noblesse qui l'avait délégué à la Constituante et siégea désormais aux côtés de La Fayette. Quelques mois après, ce noble cœur ne voulut suivre ni Robespierre dans ses excès, ni La Fayette dans son exil. C'est alors que, « quittant les faits pour les idées », il se retira à Auteuil où il retrouva ses amis Condorcet, Cabanis et Helvétius. Il se mit à étudier non pour acquérir de nouvelles connaissances, mais pour en connaître les sources et les bases. Il se tourna d'abord vers les sciences physiques, l'histoire naturelle et la chimie, qu'avait révolutionnée Lavoisier et y prit le goût de la méthode analytique. Il était attelé à chercher avec Lavoisier les lois de la matière, avec Locke et Condillac celles de l'intelligence, lorsque le gouvernement de la Terreur le jeta au cachot. La perspective de son exécution prochaine qui devait avoir lieu le XI Thermidor, ne troubla point les travaux de ce sage, et lorsqu'il fut élargi, son ouvrage était achevé. Il en était venu au matérialisme le plus avancé. Pour lui la sensation était l'élément unique de l'intelligence; la

(1) Séché, loc. cit., p. 171.

(2) Lire le cours de Mignet sur D. de Tracy (Portraits du XVIIIe).

perception n'était que la sensation des objets; la mémoire, la sensation des souvenirs; la volonté, la sensation des désirs; le jugement, la sensation des rapports. Il résumait les lois de l'intelligence par de simples équations algébriques et se flattait d'avoir fait de l'idéologie, une partie de la zoologie, et de l'intelligence, une partie de la physique humaine (1).

Pendant le Directoire, le Consulat et l'Empire, Destutt avait joui d'une liberté relative. Ami de Cabanis, il avait lu à l'Institut National des mémoires qui avaient eu un retentissement énorme. Bien que chargé de réorganiser l'instruction publique, et nommé sénateur, il gardait son indépendance et se réunissait toujours à Auteuil dans le salon de Me Helvetius avec Cabanis, Volney, Daunou, Garat, Thurot, Chénier, Guinguené. Sa radiation de l'Institut, sous l'Empire, ne l'attrista point comme la mort de Cabanis dont il ne se consola jamais : il s'enferma définitivement dans ses méditations.

* * *

On juge l'effet que dût produire sur Sainte-Beuve ce surcroît d'influence matérialiste (2). Il était à bonne école : le résultat ne se fit pas attendre. Destutt de Tracy que

(1) A rapprocher des pensées suivantes de Ste-Beuve, jeune étudiant, rapportées par Mme Pailleron (Ste-Beuve à 16 ans, p. 63) : « On dit physiologistes, pourquoi ne pas dire idéologistes ? et non idéologues..? Aussi bien l'idéologie n'est qu'une partie de la physiologie ».

Et : « L'idéologie qui n'est, à tout prendre, qu'une sécrétion de nos cellules cérébrales, fait partie de la physiologie ».

(2) Ultérieurement, Ste-Beuve se fit toujours un pieux devoir de défendre la mémoire de Tracy : « Le sensualisme cynique de Tracy est une invention de Guizot ».

Daunou lui avait fait connaître, lui avait parlé de cours dont il s'occupait et où l'on s'efforçait de répandre l'enseignement scientifique. Destutt proposa au jeune homme de l'y introduire : sa proposition fut acceptée d'enthousiasme et c'est ainsi que, premier pas vers la médecine Sainte-Beuve fut amené à suivre les cours libres de l'Athénée.

Peut-être ne sera-t-il pas superflu de rappeler quel genre d'établissement était l'Athénée. Cette institution qui porta successivement les noms de Lycée, de Lycée Républicain, de Lycée des Arts, enfin d'Athénée, avait été fondée à la veille de la Révolution, en 1781, par l'aéronaute Pilastre du Rosier, dans le but de répandre parmi les gens du monde les nouvelles découvertes scientifiques et les œuvres littéraires ou artistiques peu connues, principalement les productions de la littérature étrangère. Mais bientôt l'enseignement y était devenu très varié. La haute noblesse et l'élite cultivée avaient rapidement constitué une assistance de choix qui suivait régulièrement les cours de l'Athénée, bien qu'ils fussent fidèles à l'esprit du XVIIIe siècle. L'institution pût se maintenir pendant de longues années, grâce aux libéralités de ses généreux abonnés, et connut une période de lustre incomparable : elle eut la primeur du cours de littérature de La Harpe; des travaux de Lavoisier, de Fresnel, d'Ampère, le mathématicien, de Cuvier, de Biot, du chimiste Dumas, etc.

Quand Sainte-Beuve s'assit sur les bancs de l'Athénée, c'était encore le beau moment. Tous les soirs, vers 1822, il allait suivre rue de Valois, de 7 heures à 10 heures ; « les cours de physiologie, de chimie, d'histoire naturelle de MM. Magendie, Robiquet, De Blainville ». (1) il y retrouva de « nobles débris du XVIIIe siècle » (2), les Garat, les Tracy, les Chénier, les Guinguené, les Daunou, « qui y allaient causer du moins quand ils n'y professaient pas » ; il écouta les leçons de Victorin Fabre, « qui mettait en avant à tout propos, Cabanis et les philosophes de son école » (3) ; Mignet qu'il vit « s'asseoir dans cette chaire, qui n'était pas sans quelque illustration alors, que décoraient les souvenirs de La Harpe, de Garat, de Chénier, et qu'entouraient à certain soir, plus d'un représentant debout du XVIIIe siècle, Tracy, Lacretelle aîné, Daunou » (4). On saisit, au ton de ces paroles et on comprend à l'insistance qu'il met pour nous représenter les tendances matérialistes de l'Athénée, l'impression profonde que cette institution avait produite sur Sainte-Beuve.

Les médecins figuraient aussi dans la nombreuse phalange des professeurs d'Athénée. Il ne manquait pas d'être assidu à leurs leçons ; il entendit ainsi le Docteur Parizet qui lui fit entrevoir quelques notions sommaires d'anatomie et de pathologie; à vrai dire, l'élève ne conserva pas un souvenir très favorable de ce premier maître médical et, 30 ans plus tard, porta sur lui un jugement sévère.

« *Parizet, dira-t-il, appartenait à cette école de médecins, gens d'esprit et littérateurs, qui peuvent disserter des choses avec plus ou moins d'éloquence, et d'agré-*

(1) Nouveaux Lundis, XIII, 5.
(2) Voir Chroniques parisiennes, p. 67.
(3) Portraits contemporains, III, 274, 275 et 280.
(4) Portraits contemporains, III, 341.

ment, qui obtiennent de la faveur auprès des gens du monde, mais qui n'acquièrent jamais beaucoup d'autorité parmi leurs pairs ».

« *Il avait plutôt la réputation d'un homme d'esprit et disert, ajoutera-t-il, que d'un médecin averti ; quand il fut nommé médecin à Bicêtre : c'était une sorte de philosophe et de poète, égaré au milieu d'une triste population d'aliénés. C'est alors qu'il fit plusieurs cours publics sur les affections mentales à l'Athénée.*

« *C'était un improvisateur animé, pittoresque, anatomiste avec feu devant les gens du monde, décrivant les appareils des sens d'une manière visible, les développant de l'expression et du geste, poursuivant du doigt dans l'espace les moindres filets nerveux, les fibres les plus ténues, déroulant à n'en plus finir des considérations peu précises, peu concluantes, mais ingénieuses souvent et déliées dans leurs objets. Ses leçons en tout étaient un agréable spectacle et Parizet, dans ses chaires d'Athénée, semblait la définition vivante de l'homme disert »... Mais, contre les apparences, « chez lui l'anatomiste faisait trop souvent défaut, même l'anatomie au moral qu'il n'a pas, et ne rend pas assez le sens de la réalité ».* (1)

Malgré ces petites réserves (qui ne sont pas pour nous étonner) (2), Sainte-Beuve conserva toute sa vie un souvenir fidèlement reconnaissant vis-à-vis de l'Athénée, et lorsque cette institution dégénéra, « tomba en enfance », (c'est-à-dire passa aux mains du parti néo-catholique),

---

(1) Voir le lundi consacré à Parizet (I, 402).

(2) Parizet était passé au parti royaliste et avait quitté l'Athénée pour la Société des Bonnes Lettres.

il ne put retenir ses lamentations et, évoquant les gloires de l'ancien temps, écrivit cette belle page :

« *L'Athénée Royal, l'ancien Lycée, fondé à la fin du dix-huitième siècle dans les années qui précédèrent la Révolution, et où La Harpe avait commencé son cours célèbre ; cet Ahénée qui revit le même La Harpe en bonnet rouge sous la Terreur, puis repentant et faisant amende honorable de ses excès philosophiques ; cet Athénée pourtant qui était resté le centre de la philosophie du dix-huitième siècle ; qui eut la primeur des leçons de chimie des Lavoisier, des Fourcroy, et plus tard des cours de physiologie des Gall et des Magendie ; cet Athénée qui sous la Restauration, était resté un foyer d'opposition libérale, et l'antagoniste de la Société des Bonnes Lettres ; où Benjamin constant jusqu'à la fin faisait des lectures ; où Mignet, il y a 20 ans, débutait par une leçon sur la St-Barthélemy qu'on lui redemandait d'entendre une seconde fois à huitaine (tant on la trouvait à la hauteur du moment)... eh bien! cet Athénée, vieillard aujourd'hui, se meurt ; mais au lieu de mourir de sa belle mort et en beau vieillard du dix-huitième siècle qu'il est, il a recouru aux charlatans... C'est ainsi que tout passe et que tout change, et après soixante ans d'une vie honorable et constante, ce pauvre Athénée s'en va, avant peu de mois, mourir* ». (1)

Mais ceci était écrit en 1841, et nous avons laissé Sainte-Beuve à l'Athénée, en 1822. Il n'y resta point longtemps, et après cette évolution progressive se dirigea « franchement et crûment » vers les études positives, vers les études médicales.

(1) Chroniques parisiennes, p. 67-69

CHAPITRE IV

Sainte-Beuve étudiant en Médecine

(1823-1827)

SOMMAIRE. — **Pourquoi a-t-il entrepris ses études médicales ?**

Son éducation anatomique et physiologique : son goût pour la dissection ; ses idées sur le fonctionnement des centres nerveux (influence de Gall).

Son éducation hospitalière : Sainte-Beuve externe ; ses Maîtres des Hôpitaux. Richerand, Dupuytren, Alibert ; le souvenir qu'il en a gardé.

Pourquoi abandonna-t-il la médecine ?

Sainte-Beuve en effet n'avait pas encore terminé sa philosophie qu'il avait déjà décidé d'entreprendre ses études médicales, et l'avait annoncé joyeusement à ses amis et à ses maîtres boulonnais. Témoin l'extrait suivant d'une lettre que lui envoyait Clouet, le 24 juillet 1823 :

« *Pourriez-vous croire que déjà on vous désire à Boulogne comme médecin? Je ferai comme les autres, je montrerai mauvaise mine aux maladies et j'attendrai votre arrivée. Je ne doute pas de vos soins officieux, et, qui plus est, que vos coups d'essai seront des chefs-d'œuvres. Voici ce qui m'a été dit jeudi dernier : Une dame qui savait que je sortais de diner chez vous, me demanda de vos nouvelles, si vous étudiez la médecine, Je répondis « pas encore, il finit sa philosophie et ses mathématiques, et ne commencera l'étude de la médecine qu'après les vacances ». — « Allons, qu'il se dépêche, nous aurons un médecin instruit ». Je fus fort démonté, car la réflexion se fit en présence de la femme d'un médecin ».* (1)

Sainte-Beuve mit ses projets à exécution et le 3 novembre 1823, dans l'enthousiasme de ses dix-neuf ans, il quittait d'un pas léger la pension Landry et prenait sa première inscription à l'Ecole de Médecine. (2)

*
* *

Enthousiaste, il l'était certainement et c'est volontairement que nous insistons sur ce point ; quelques biographes l'ont nié ; et l'on a donné de cette détermination les interprétations les plus imprévues. Il y a peu d'années ne voyait-on pas un savant érudit supposer que l'auteur des Lundis avait voulu passer par la physiologie pour construire ultérieurement, sur un terrain solide, une critique littéraire vraiment scientifique ? Ne savait-il pas pourtant que le jeune homme en 1823 était encore bien éloigné de la critique, qu'il n'y pensa que beaucoup plus tard après avoir échoué dans le domaine glorieux de la poésie ?

Pour d'autres, il fut poussé par sa mère vers

(1) Lettre de Clouet à Ste-Beuve du 24 juillet 1823 (Collection de M. le Dr J. Lacassagne).

(2) Voir le rapport dû à l'obligeance de M. le Pr Pinard, reproduit dans la thèse de Voizard, p. 62-63.

l'amphithéâtre. Celle-ci, en effet, se préoccupa toute sa vie de l'avenir matériel de son fils, peu soucieux de ses intérêts, et seule l'élection du critique à l'Académie, put calmer son inquiétude maternelle. Or, il est certain, en dépit des insinuations du Comte d'Haussonville, que Sainte-Beuve aimait sa mère. Néanmoins, tout lecteur attentif refusera d'admettre que son amour filial aille jusqu'à l'obéissance ; et, s'il avait préféré suivre une voie différente, sa mère n'aurait pu l'en dissuader.

Lui-même a invoqué sa pauvreté et la nécessité de vivre :

« *La raison de Joseph, évrivit-il, fortifiée dès l'enfance par des habitudes sérieuses, et soutenue d'une immense curiosité scientifique, lui représenta les illusions de la gloire, les vanités de l'imagination, sa propre condition si médiocre et si précaire, l'incertitude des temps, et, de toutes parts, autour de lui, des menaces de révolutions nouvelles. Que faire d'une lyre en ces jours d'orage ? La lyre fut brisée...* » (1)

N'oublions pas que ces lignes ont été écrites en 1827, « après coup », dans une période de découragement poétique et que Sainte-Beuve se croyait alors atteint du mal de René : la tradition voulait qu'il se pourvût d'un cilice, et se présentât sous les traits d'une victime. La situation pécuniaire de l'étudiant sans être brillante, était encore moins désespérée. Au surplus, n'avouait-il pas lui-même que sa raison était « soutenue par une immense curiosité scientifique » ? Et il ajoutait :

« *Sa vocation pour la philosophie et pour les sciences*

---

(1) Poésies éd. Lemerre, p. 10, Tome I.

se prononçait de plus en plus ; il s'y poussait avec toute l'ardeur d'un cœur converti de la veille et tout l'orgueil d'un sage de dix-huit ans ». (1)

Aussi croyons-nous avoir suffisamment démontré qu'il fut conduit tout naturellement, physiologiquement, par la loi de son évolution, aux études médicales. L'Athénée avait été la première étape, la Faculté fut la seconde.

Et puis, vers les premières années de la Restauration, le monde médical était fortement agité par des luttes intestines dont retentissait la Capitale : Le dogmatisme sectaire et impétueux de Broussais était aux prises avec la tranquilité sûre et laborieuse de Laennec, l'ami de Fauriel (2) ; Alibert venait de fonder la dermatologie ; Dupuytren, après son duel avec Richerand, s'était acquis une supériorité incontestée dans l'art chirurgical.

---

(1) Ibidem.

(2) Fauriel et Laennec quoique d'opinions diamétralement opposées étaient, paraît-il, amis: « Un autre homme, dit Sainte Beuve, qui s'entendit beaucoup mieux avec Fauriel dans l'enthousiasme du primitif, ce fut, le croirait-on ? le grand médecin Laënnec. Ce personnage excellent avait été mis en relation avec Fauriel par M. Cousin, dont il était le médecin et l'ami. Les chants bretons devinrent bientôt l'entretien et comme le rendez-vous favori de ces deux esprits venus de bords différents. Fauriel savait les paroles, mais Laënnec savait les airs, ces airs appris dans l'enfance et qu'on n'oublie pas. Il apportait sa flûte (et il faut avoir vu Laënnec pour se le représenter ainsi en Lycidas), et, à mesure que l'autre lui rappelait les paroles il essayait de les noter : Numeros memini, si verba tenerem! Scène touchante, dont l'idée seule fait sourire, et qui était digne de ces esprits, de ces cœurs vraiment antiques et simples. » (Portraits contemporains, p. 566, tome I). Ce qui, soit dit en passant, laisse supposer que Sainte-Beuve avait au moins vu Laënnec.

Pourquoi Joseph Delorme, que dévorait une ambition démesurée, ne briguerait-il pas aussi la gloire scientifique ?

Enfin il appartenait à cette génération du début du siècle, assoiffée d'idéal, d'où allait bientôt jaillir le Romantisme. En même temps « qu'une haine implacable contre les puissants de ce monde » l'animait, un « amour infini pour la portion souffrante de l'humanité » le poussait vers la médecine.

« *Elle est de tous les temps et de tous les lieux, écrivait-il. Véritablement utile aux hommes, lorsqu'on l'exerce avec zèle et intelligence, souvent elle leur donne plus que la santé, elle leur rend le bonheur ; car tant de maladies viennent de l'âme et la consolation morale en est le meilleur remède. L'argent d'ailleurs, qu'on gagne auprès des riches, permet non seulement de n'en pas exiger des pauvres, mais de partager le sien avec eux, de recevoir des uns pour rendre aux autres, d'être un lien actif entre les conditions les plus opposées, et de réparer, en quelque sorte, cette inégalité que la société consacre et que désavoue la nature* ». (1)

Les amis de Sainte-Beuve l'encourageaient dans cette

(1) Poésies ed. Lemerre I, p. 12-13. Son indignation contre « les puissants de ce monde », son amour pour la « portion souffrante de l'humanité » inspirait parfois de nobles gestes à l'étudiant. Choisy rapporte à ce sujet, l'anecdote suivante : « Du temps où il étudiait la médecine, il vit un jour une pauvre femme renvoyée par le boulanger parce qu'elle n'avait pas de monnaie. Sainte-Beuve, qui ne brillait pas par la patience, cassa les vitres de la boutique avec la pièce que le boulanger refusait de changer. Il faudra bien que vous rendiez la monnaie, dit-il ; payez-vous du carreau sur ces trente sous et donnez du pain à cette femme ». Choisy, Sainte-Beuve, p. 294).

voie qu'ils trouvaient conforme à ses dispositions naturelles. C'est ainsi que son camarade anglais Arthur Neate lui écrivait de Cambridge :

« *Tu es dans le quartier le plus agréable de Paris et le plus commode pour un disciple d'Esculape, et l'on ne peut douter que tu ne réussisses dans l'étude de la médecine, comme tu as toujours réussi dans tout ce que tu as entrepris jusqu'ici. On entendra parler un jour de M. Sainte-Beuve, membre de l'Institut et de la moitié des sociétés philosophiques de l'Europe* ». (1)

Il avait en effet déménagé. (2) Il avait quitté depuis quelques jours la rue Blanche et la rive droite et s'était installé au n° 94 de la rue de Vaugirard, près le Luxembourg, tout près de la Faculté et de l'Hôtel-Dieu. Libéré de la surveillance maternelle, il allait pouvoir vivre sa vie d'étudiant... Depuis l'âge de 17 ans, il « avait l'impatience d'être homme, d'appliquer quelque part (n'importe où) ses facultés passionnées », de « prendre possession de lui-même et d'un des objets que toute jeunesse désire ». Avoir sa chambre à soi ! n'est-ce pas encore aujourd'hui, le vœu le plus cher de l'étudiant échappé du lycée et de la pension ? C'était aussi celui de Joseph

---

(1) Lettre de Arthur Neate à Sainte-Beuve du 24-XII-1823 (Collection Jean Lacassagne).

(2) A quelle date précise Sainte-Beuve changea-t-il de domicile ? La lettre de Clouet citée au début de ce chapitre, fait allusion à un déménagement prochain. Elle est de la fin du mois de juillet. Cependant, le 2 novembre, A. Neate écrivait encore rue Blanche. Le 24 décembre il adressait une lettre rue de Vaugirard. Sainte-Beuve aurait donc quitté la pension Landry à la fin du mois de novembre ou au début du mois de décembre 1823.

Delorme. (1) Décidément, la médecine avait pour lui bien des attraits.

*
* *

Sans doute profita-t-il voluptueusement des libertés que lui procurait sa nouvelle condition de carabin. Ses longues promenades nocturnes le rapprochaient souvent de ces « beautés funestes » qu'il a maintes fois célébrées. Mais son portrait répondrait mal à la réalité si nous ne le complétions : Avant tout, il travaillait, il travaillait avec acharnement. A tel point que ses amis, craignant qu'il ne se surmenât, crûrent bon de s'élever contre ce zèle excessif :

« *Pour te parler franchement, lui écrivait Charles Neate, dès le mois d'avril 1824, je n'approuve pas du tout ce travail excessif. C'est un paresseux qui te parle : mais je veux tâcher au moins de justifier mon penchant, peut-être parce que c'est mon penchant ; mais enfin je pense qu'en général l'homme est né pour la société, et, qu'en ce cas, il ne remplit pas moins le but de son existence par les agréments qui embellissent la vie, que par les utiles travaux qui la conservent. Et, pour toi-même en particulier, je crois que ta santé morale n'en irait que mieux, si tu ne tendais ton esprit par des études si abstraites et si continues. Tu n'as pas besoin, crois-moi, d'exciter l'énergie de ton âme par un si ardent repos et de cultiver la force de ton jugement par des lectures toujours profondes. Je te conseillerais quelques fois d'amuser, d'attendrir ton imagination par des livres*

(1) Cf. Voizard, Op. cit., p. 22 à 24.

légers et agréables ; d'égayer, de relâcher ton esprit par les plaisirs de la société : tu en serais, ce me semble, plus homme et plus heureux. La dépense d'une heure ou deux par jour ne te ruinerait pas en temps, toi qui mets tous les moments à profit, et d'ailleurs après une courte distraction, ton âme aurait un nouveau ressort pour le travail. Ne t'offense pas de ce que je te dis. Je te dis franchement ce que je pense et, sans la vérité, il n'y a plus d'amitié ». (1)

Quelques mois plus tard, le même correspondant prescrivait au trop laborieux étudiant « deux beaux yeux » (2), qui seuls pouvaient le distraire de ses travaux.

Ainsi, durant de longs mois, Sainte-Beuve se voua exclusivement à l'étude de la médecine. Ce qui le passionnait surtout, c'était l'anatomie, la dissection, les autopsies. Il avait hâte de pénétrer les secrets du corps humain, d'en dissocier, d'en mettre à nu les fibres les mieux cachées. Le mot même de dissection, par sa seule consonnance, évoque bien la tendance à la dissociation et à l'analyse qui résume l'orientation dominante de son esprit. Pendant toute sa vie Sainte-Beuve emploiera des métaphores empruntées au langage des amphithéâtres. Pour n'en rappeler que quelques-unes, n'a-t-il pas écrit à propos des comédies de Marivaux :

« *En se promenant dans les musées d'anatomie, on voit des pièces très bien figurées et qui ont forme humaine ; mais à l'endroit où l'anatomiste a voulu se si-*

(1) Lettre de Ch. Neate d'avril 24 (Collection Jean Lacassagne).

(2) Lettre de Ch. Neate, 20 septembre (Collection Jean Lacassagne).

gnaler, la peau est découverte et le réseau intérieur apparaît avec sa fine injection : c'est un peu l'effet que produit l'art habile de Marivaux. Ses personnages, au lieu de vivre, de marcher, et de se développer par leurs actions même, s'arrêtent, se regardent et se font regarder en nous ouvrant des jours secrets sur la préparation anatomique de leur cœur (1).

Et à propos de l'historien Mignet :

« *Esprit scientifique et régulateur, il s'attache d'abord à séparer la partie fixe de la partie mobile de l'histoire ; il embrasse du premier coup d'œil celle-ci, les grands résultats, les faits généraux qui ne sont que les lois d'une époque et d'une civilisation : c'est là selon lui, la charpente, l'ostéologie, le coté infaillible de l'histoire* ». (2)

Enfin, pour ne pas nous perdre en une longue énumération, nous terminerons par les lignes suivantes, où il explique, encore par une comparaison anatomique ce qu'il a voulu faire en décrivant l'un de ses personnages :

« *Nous avons dans ce but, comme souligné et articulé plus fortement au passage, les endroits qui nous semblaient tenir à quelque veine secrète, faisant exactement ce qu'on pratique en anatomie, lorsqu'on injecte quelque petit vaisseau pour le rendre plus saillant et le soumettre à l'étude* ». (3)

Sainte-Beuve, même âgé, prétendait avoir quelques connaissances en anatomie et, ne fit-il pas un jour au

(1) Lundis IX-367.
(2) Portraits contemporains, III, 348.
(3) Portraits contemporains, III, 376-377.

pauvre Lamartine, que ces questions n'intéressaient guère, le reproche suivant:

« *Il y a des bévues anatomiques dans ce même morceau de Lamartine : on reconnait en effet très bien un squelette de nègre d'un squelette de blanc. Il y a bien d'autres différences que la peau: l'angle facial, etc..* » (1)

C'est qu'en effet l'anatomie était la partie de la médecine que Sainte-Beuve connaissait le mieux et la seule dont il termina l'étude. En 1823 comme de nos jours, l'étudiant de première année consacrait la majeure partie de son labeur à la dissection. Plusieurs élèves s'unissaient et se cotisaient, pour s'acheter un cadavre que l'on s'efforçait de choisir à point, maigre et musclé (2). Les amphithéâtres trop petits ne suffisaient pas pour abriter tout le monde et l'on tenait parfois les macabres assemblées dans des locaux particuliers. La vue de ces cadavres n'avait pas enchanté d'abord Joseph Delorme et il avait probablement communiqué ses premières impressions à ses amis en termes horrifiques et horrifiés, si nous en jugeons par la réponse de l'un d'eux :

« *Tu me demandes ensuite à quel état je me destine ; ce n'est pas la médecine : la seule image que tu m'as présenté du cadavre d'une femme avec laquelle on aurait peut-être couché, suffirait à m'en détourner ; après avoir vu cela je penserais toujours, en voyant une jolie femme, aux chairs livides et aux yeux enfoncés du corps mort, et je ne pourrais embrasser ce qui existerait dans le moment, parce que j'en serais dégoûté par l'idée de*

(1) Chroniques Parisiennes, p. 10.

(2) Consulter : Dr. Cabanès. Mœurs intimes du passé. Tome IV, la vie d'étudiant, p. 452.

ce que ce même objet serait peut-être dans quelques heures. » (1)

Cependant notre étudiant ne se laissait pas décourager par ces considérations puisqu'il écrivait à Ch. Neate « qu'il était fort occupé de dissection» (2). Il était même, et on le savait tellement absorbé par ses travaux anatomiques, que le camarade ironique s'excusait en ces termes à la fin d'une longue épitre de lui avoir fait perdre du temps :

« ..... *Mais je ne songe pas que je réponds auprès de tes malades, et du genre humain, de tout le temps que je te fais perdre ; que, depuis ce temps, tu aurais pu disséquer un cerveau au lieu de t'occuper des faibles émanations du mien* » (3).

C'était donc qu'il se préoccupait au premier plan de la dissection des centres nerveux. Penché sur son sujet, il s'efforçait, hanté par la lecture récente de Cabanis, de dévoiler la structure des organes mystérieux où s'élabore la pensée. N'oublions pas qu'à cette époque, les travaux de Gall et de Spurtzheim entretenaient une effervescence persistante dans les milieux scientifiques (4). Gall, qui dès 1793 avait publié ses nouvelles conceptions

(1) Lettre d'A. Neate du 18-XI-24.

(2) « Tu m'as dit dans ta dernière lettre, ui répons Ch. Neate le 18-XI-24, que tu étais fort occupé de dissection ; j'admire ton courage, mais j'avoue que je ne saurais t'imiter, car je n'aime guère, en fait de dissection, que celle d'un poulet. Cela n'empêche que je n'estime beaucoup la médecine et que je ne t'applaudisse de t'y être livré, car je la regarde en ces temps-ci, comme la plus honorable et surtout la plus pure des professions ». (Collection Jean Lacassagne).

(3) Lettre de Ch. Neate d'Avril 24 (même origine).

(4) Sur Gall et son influence, cf. De Létang : Gall et son œuvre, thèse Lyon 1900.

J'espere que les oreilles delicates ne s'offenseront pas de ce mot [illegible] et philosophe tu ne dois pas trouver mauvais qu'on nomme les choses par leur nom apropos de medecine et de philosophie tu ne me dis pas quelles importantes importantes tu as deja faites (car je ne doute pas que tu n'en aies faites) dans la science du corps humain. Si tu as trouvé dans quelle partie ou dans quel coin est logé ce petit être qu'on nomme ame qui a été le sujet innocent de tant de disputes, de tant de bêtises ridicules, de tant de beaux discours. Si les deux parties de cette substance indivisible sont placées l'une dans le cœur, l'autre dans la tete, si suivant quelques philosophes fort ~~[illegible]~~ savans, et fort bêtes le siege de cette particule varie suivant la nature des personnes et la difference de leurs passions. ainsi chez le gourmand elle seroit dans le ventre, chez une babillarde dans la langue, chez un petit maitre dans le mollet, chez un militaire dans la moustache; chez un courtisan; nu nulle part. je crois que bien peu de gens l'auroient dans le cerveau. pour lire tes lettres j'aurois quelquefois besoin de l'avoir dans les yeux, si elle n'etoit pas occupée autre part. car j'ai ete dire que tu n'ecris pas toujours d'une maniere fort claire je ne sais pas si c'est que tu veux imiter Tacite dans ton caractère comme on l'a dit que tu l'imitois dans ton style et envelopper comme lui tes pensées dans une mysterieuse obscurité mais je crois que j'ai un peu de peine a te lire. heureusement que tu vaux la peine d'être dechiffré. Quant a la substance de la lettre je [illegible]

Fac similé de fragment de lettre, cité page 71.

sur le fonctionnement du système nerveux central, venait de faire paraître un ouvrage intitulé : « *Sur les fonctions du cerveau et sur chacune en particulier, avec des observations sur la possibilité de reconnaître les instincts, les penchants, les talents ou les dispositions morales et intellectuelles des hommes et des animaux par la configuration de leur cerveau et de leur tête* ». Sainte-Beuve lui aussi se passionnait pour ces problèmes et c'était un sujet inépuisable dont il entretenait ses correspondants d'Outre-Manche. Gall, ayant établi que l'âme siégeait dans le cerveau, Neate saisissait l'occasion pour écrire à son « cher Bœuf » (sic !) : (1)

« *A propos de médecine et de philosophie, tu ne me dis pas quelles découvertes importantes tu as déjà faites (car je ne doute pas que tu n'en aies faites) dans la science du corps humain. Si tu as trouvé dans quelle partie ou dans quel coin est logé ce petit être qu'on nomme âme, qui a été le sujet innocent de tant de disputes, de tant de bêtises ridicules, de tant de beaux discours. Si les deux parties de cette substance indivisible sont placées l'une dans le cœur, l'autre dans la tête ; si, suivant quelques philosophes fort savants et fort bêtes* (2), *le siège de cette particule varie suivant la nature des personnes et la différence de leurs passions : ainsi, chez le gourmand, elle serait dans le ventre ; chez*

(1) Lettre du 20 septembre 1824 (même collection).

(2) Allusion probable aux théories de Bichat et Cabanis, pour lesquels le courage siège dans le cœur, la colère dans le foie, l'amour sexuel dans les testicules, etc..., théories qui trahissent un premier effort de localisation organique, mais ne reposent sur aucune observation anatomique ou expérimentale.

une babillarde, dans la langue ; chez un petit-maître dans le mollet ; chez un courtisan, nulle part ».

Ce petit « être qu'on nomme âme » était en effet le sujet d'âpres disputes. Sainte-Beuve avait-il là-dessus une opinion personnelle ? Très certainement. Malheureusement, et malgré nos recherches attentives, nous n'en avons retrouvé la trace ni dans ses œuvres, ni dans sa correspondance. Il l'avait pourtant exposée en toutes lettres à son ami Neate : la réponse de celui-ci permettra de préjuger des théories qu'il avait adoptées :

Londres, janvier 1827.

« *Mon cher Ami,*

J'ai été charmé de la petite théorie à la Spurzheim ; c'est la plus jolie manière que l'on puisse voir de rattacher la métaphysique de nos idées et de nos sentiments au physique de notre corps ; et, si tu consens à ne la considérer que comme un rattachement, une espèce d'aperçu comparatif entre l'esprit et la matière dont on pourra emprunter la nomenclature métaphorique et élégante et qui serve en même temps de cadre à nos pensées, j'en dirais tout le bien du monde. Mais, si tu prétends que c'est une vérité absolue, j'avouerais que je ne me sens pas la confiance ni de te contredire, ni d'adopter ton opinion vu que je ne voudrais « nullius addictus quaerare in verba magistri », et que, sur un sujet qui demande la connaissance d'une si grande quantité de faits, ma propre expérience ne me dit rien du tout. Je n'ai jamais entendu parler des effets qu'une injure faite à une partie quelconque du cerveau peut pro-

duire sur les dispositions morales d'un homme, et il faudrait les connaître pour vérifier la théorie, et tout ce que j'ai appris relativement aux injures de la matière cérébrale, c'est l'interruption qui s'ensuit dans les fonctions du cœur, de l'estomac, des entrailles, etc... On m'a dit aussi que des injures faites aux membranes qui couvrent le pons Varolii causent des mouvements excessivements singuliers, car suivant la partie où la blessure est faite, l'animal, ou se roule sur lui-même, ou se précipite en avant, ou se recule en arrière, toujours, toujours, jusqu'à la mort (a). *Ne va pas croire cependant que mon ignorance des faits nécessaires tende à me faire fermer les yeux sur les mérites de la théorie. Je voudrais seulement qu'elle fût vérifiée, et, en attendant, je suis enclin à me laisser aller aux charmes qu'elle présente par le penchant que nous avons tous à nous former des opinions là-même où nous n'avons pas de données. Si tout était bien démontré, il en résulterait, ce me semble, un peu de danger pour des personnes douées d'une riche imagination, parce qu'en de pareilles mains, cette théorie mènerait droit aux mêmes conséquences que le matérialisme, lequel, tu conviendras, soit vrai, soit faux, est capable de produire beaucoup de mal dans la vie pratique.....* » (1)

Ce document donne le droit de supposer que Sainte-Beuve se ralliait aux idées de Gall (2): il acceptait ainsi les

(a) Allusion possible aux expériences de Flourens sur le cervelet.

(1) Lettre de la collection du Dr Jean Lacassagne.

(2) Il resta fidèle aux idées de Gall, qu'il défendait contre Descartes à propos de Flourens dans le passage suivant, extrait de « Mes poisons » p. 155 : « J'ai droit d en vouloir

principes du grand physiologiste, véritable précurseur de la méthode anatomo-clinique, et voulait avec lui étudier le fonctionnement des centres nerveux par la connaissance expérimentale des « effets qu'une injure faite à une partie quelconque du cerveau peut produire sur les dispositions morales d'un homme ».

Sainte-Beuve d'ailleurs, même lorsqu'il eût quitté la médecine, s'intéressa à ces questions qui passionnèrent aussi son adversaire, Balzac. Dans Port-Royal, il signala le volume et la blancheur remarquable du cerveau de Saint-Cyran (1). Ne compara-t-il pas un jour la forme respective des crânes de Mirabeau et de Lafayette :

« *Physiologiquement, il est curieux de comparer la forme et le volume de ces deux fronts : celui de Mirabeau qui est l'ampleur même, celui de Lafayette qui est fuyant. Là est la forme qui saute aux yeux. Un jour, devant le buste ou le médaillon de Lafayette par David, quelqu'un faisait cette remarque que ce front fuyait beaucoup. « Oui, répondit l'artiste, et encore j'ai soutenu le plus que j'ai pu »... Lafayette avait un front fuyant, il avait un front d'émigré* ».

Sainte-Beuve lui opposait le large front bien bombé de Mirabeau (2). Autre part, il écrivit :

à M. Flourens qui m'a leurré et croit m'avoir dupé : il se trompe. J'aurai du moins appris en tout ceci à le connaître. Je comprends désormais comment le disciple de Tracy dédie aujourd'hui ses livres contre Gall à la mémoire de Descartes, comment le disciple de Geoffroy St Hilaire a passé à Cuvier. Je sais sa physiologie.... »

(1) Port-Royal, II, 205.

(2) Cahiers de Sainte-Beuve, p. 125.

« *Hugo a le front magnifique, mais sa mâchoire inférieure est forte et lourde ; Lamartine, au contraire, a un peu le nez au vent et pas assez de mâchoire ; c'est le bec fin d'un oiseau, un oiseau voyageur.* » (1)

Il n'est pas jusqu'au délicat problème du sommeil qui n'ait intrigué Sainte-Beuve :

« *Je définis le sommeil, dit-il, une fonction durant laquelle l'organisation se livre à un travail profond de réparation sur elle-même. La condition pour que cette réparation soit aussi complète que possible, c'est qu'il n'y ait aucune distraction au dehors ; la vie de relation et celle de l'intelligence doivent être totalement suspendues. Les fonctions animales elles-mêmes sont ralenties. Si le sommeil pouvait être suffisamment profond et prolongé, il rendrait chaque fois la jeunesse; chaque matinée serait une parfaite jeunesse. Toute cette fatigue, qui est inséparable de l'exercice de la vie, aurait disparu. Mais il n'en saurait être ainsi que pour Apollon et les dieux de l'antique Olympe. La fatigue humaine n'est pour ainsi dire purgée qu'incomplètement par le sommeil ; il en reste nécessairement, il s'en accumule dans chaque organe ; elle s'y fixe, et, s'y fixant, les vieillit. Cela augmente avec les ans et, en même temps, le sommeil, le grand réparateur, diminue ; de moins en moins il répare. On se réveille presque aussi fatigué qu'on s'était endormi. L'extrême fatigue habituelle est presque synonyme de l'extrême vieillesse. J'éprouve une grande difficulté d'être, disait Fontenelle : et, poussée à la dernière limite, cette fatigue deviendrait la mort naturelle.*

---

(1) Mes Poisons, p. 26.

indépendamment même de tout accident. Les anciens, dans leur langue voisine des choses, disaient pour désigner les morts, οἱ καμόντες, *les fatigués.* » (1)

Sainte-Beuve dut pousser assez loin ces études anatomiques et physiologiques ; il les compléta par des notions générales de biologie, d'éthnologie, d'anatomie comparée, d'embryologie qu'il renouvelait sans cesse (2) et qu'il sut utiliser avec un rare bonheur au cours de ses articles.

*

* *

Cependant, bien que ces études théoriques le passionnassent, elles ne l'empêchaient pas de suivre régulièrement les services hospitaliers. Chaque matin, soit à St-Louis, soit à l'Hôtel-Dieu, il écoutait quelque leçon clinique, participait aux visites, assistait aux consultations.

Comment réagît-il dans ce triste milieu de souffrance au sein duquel il fut brusquement plongé ? Peut-être éprouva-t-il les premiers jours quelques déceptions, encore qu'il ne nous en ait jamais fait part. Peu d'entre nous y ont échappé et le contact du malade exige une accoutumance plus longue et plus pénible encore que

---

(1) Cahiers de Sainte-Beuve, p. 47 à 49.

C'est en somme entrevue confusément la théorie dite biologique du sommeil, défendue bien plus tard par Claparède de Genève (Archives de psychologie, tome IV) et par le Professeur Lacassagne (Thèse de Nicard, Lyon 1904), suivant laquelle le sommeil n'est pas une simple inhibition, mais une fonction naturelle au même titre que la miction.

Voir encore la poésie de Sainte-Beuve sur le sommeil (Poésies éd. Lemerre, I, p. 322-323).

(2) Nous nous proposons de rappeler un jour les remarques que fit Sainte-Beuve sur ces sujets.

celui du cadavre. Mais il triompha rapidement de ce désappointement initial. Nous avons déjà vu qu'il trouva dans sa nouvelle condition des satisfactions morales ; en médecine, il n'était pas sceptique : il comprenait que si, trop souvent, le médecin enregistre impuissant le cours inexorable d'une maladie, il peut quelques fois en retarder l'évolution, et presque toujours soulager, donner au moins à son malade la confiance et l'espoir. Il y goûta surtout des satisfactions intellectuelles. Examiner un malade, c'est se poser à son sujet les différentes questions que Sainte-Beuve se posera plus tard à lui-même dans les Lundis ou dans les Nouveaux Lundis à propos de ses personnages. C'est d'abord extraire du complexe symptomatique, les signes essentiels qui permettront d'incorporer le cas observé dans un groupe morbide déterminé, de poser un diagnostic; quand Sainte-Beuve, après avoir mis à nu « la veine essentielle » d'un écrivain, le classera dans « une famille d'esprits » définie, il procèdera de la même méthode. C'est ensuite discuter le diagnostic posé, comparer dans leurs manifestations la maladie en cause et les affections voisines ; de même, Sainte-Beuve pour « mieux marquer les contours », insistera sur les analogies et sur les différences qui rapprochent ou séparent ses personnages. C'est aussi rechercher dans le passé, et avant la naissance même, les circonstances fortuites ou héréditaires qui ont peut-être favorisé ou déterminé l'éclosion de la crise actuelle ; Sainte-Beuve, critique littéraire, les étudiant dans leurs familles, les situant dans leur milieu social, dans leur province, dans leur époque, établira l'étiologie des hommes célèbres qu'il étudiera. Enfin, examiner son malade, c'est rechercher la note originale qui conserve à chaque cas particulier son autonomie; Sainte-Beuve, consacrant par exemple plusieurs feuilletons à la maladie des romantiques, en décrira des formes et des types cliniques, et après avoir réuni Chateaubriand, Gœthe et Sénancour dans une même infortune, montrera ce en quoi le mal de René diffère de celui de Werther ou d'Obermann.

En un mot, il occupa d'abord au lit du malade la position qu'il ne quitta pas ensuite dans la littérature. Il y acquit le goût du malade à tel point qu'il eut bientôt le désir d'aller à l'hôpital, non plus seulement comme simple stagiaire, mais muni d'un titre et pourvu de fonctions officielles. Il résolut ainsi de se présenter au concours de l'externat. L'administration des Hospices mettait chaque année au concours quarante places d'élèves externes, réparties en deux séries. Les candidats devaient être âgés d'au moins dix-huit ans ; ils étaient interrogés « sur les préliminaires de l'art de guérir, sur les généralités de l'anatomie, de la médecine et de la chirurgie » (1). Quand il eut atteint sa troisième année d'études, il se jugea de taille à soutenir la lutte et s'inscrivit pour le concours de décembre 1825. Certes le résultat ne fut pas particulièrement brillant et l'amour-propre de Joseph Delorme dut en être blessé : L'arrêté du Conseil général des Hospices, en

(1) Ces conditions du concours étaient celles qu'avait fixées l'arrêté du conseil général de 1803 .Elles sont reproduites dans l'ouvrage de Durand-Fardel sur le Centenaire de l'internat (Steinheil, 1902).

date du 14 décembre (1), portait nomination d'une série de 18 étudiants aux places d'externes : Sainte-Beuve eut à parcourir toute la liste avant de lire son nom : il fut reçu dernier.

Nous savons fort peu de choses sur la vie de l'externe Sainte-Beuve (2). L'arrêté du conseil général précité stipulait que les nouveaux externes rentreraient en fonctions le 1er janvier 1826. Dans quel service fit-il ses premières armes ? Quels furent exactement ses maîtres ? Autant de questions qui demeurent sans réponse précise. On en est encore réduit à des suppositions : Sur la fin de sa vie, il écrivit dans une courte autobiographie, « qu'il fit, pendant un an et ponctuellement son service d'externe à l'hôpital St-Louis, où il était logé ». Il confia un autre jour aux Goncourt, qu'il avait été externe sous Richerand, pendant dix-sept mois; il logeait alors rue de Lancry, « au 18e étage ». Il y a une légère contradiction entre la note de Sainte-Beuve et la conversation que rapportent ses amis. On admettra cependant qu'il fut entre 1826 et 1827 externe sous Richerand. Il aurait été logé à St-Louis ou, peut-être, rue de Lancry, cette rue touchant l'hôpital ; cette dernière hypothèse n'est pas invraisemblable : Bien qu'en principe les élèves externes ne fussent pas logés, ils pouvaient l'être de temps à autre :

« *Tout élève interne, précisait le règlement, logé dans*

(1) L'existence de cet arrêté qu'a bien voulu rechercher pour nous M. le Directeur de l'Assistance Publique de Paris lève les doutes : Sainte-Beuve a bien été externe.

(2) M. le Dr Brodier, malgré ses complaisantes recherches, n'a découvert dans les archives de St-Louis aucune trace du passage de l'externe Sainte-Beuve.

les Hôpitaux et Hospices, qui ne rapportera pas à l'agent de surveillance, à la fin de chaque mois, le certificat des médecins ou des chirurgiens auxquels il est attaché, perdra de droit son logement et sera remplacé par un élève non logé. » (1)

Mais, à notre sens, s'il y habita, il n'y resta pas longtemps, peut-être pendant un remplacement : Toute la correspondance que nous avons eue en mains et qui date justement de ces années, porte l'adresse : « rue de Vaugirard » ; aucune lettre n'a été envoyée à St-Louis ou rue de Lancry.

Il suivit certainement d'autres services que celui de Richerand : il dit une fois au Docteur Grenier, son client au Sénat, qu'il avait remplacé dans sa jeunesse un interne absent pour aider Dupuytren au cours d'une opération ; il se flattait d'avoir été « roupiou » sous Dupuytren.

« *Je suis content de savoir que tu es entré à l'Hôtel-Dieu* », *lui écrivait Charles Neate le* 13 *avril* 1825, *faisant sans doute allusion à ce stage.* » (2)

Nous verrons que l'assiduité de Sainte-Beuve dans le service et aux leçons cliniques d'Alibert est encore plus problématique ; de ses deux années d'externat nous ne connaissons pas l'emploi précis. Mais, ce que nous savons, c'est qu'il connut dès cette époque des maîtres médicaux et chirurgicaux : Richerand, Dupuytren, Alibert, osons-nous ajouter. Il ne les oublia point dans la suite et il est intéressant de connaître le souvenir qu'il en avait gardé.

---

(1) Article n° 2938 du code des Hôpitaux de 1824.

(2) Lettre de la collection Lacassagne.

Monsieur

Monsieur Ste Beuve, étudiant en médecine, rue de Vaugirard, n° 94.

Paris.

Fac simile de l'adresse d'une lettre de Ch. Neate
à Sainte-Beuve.

De Richerand qu'il avait servi pendant 17 mois, Sainte-Beuve dit un jour, dans un de ces diners où il se plaisait à réunir ses amis, évoquant sa vie d'étudiant, « la mélancolie de ces années d'études et d'isolement » :

« *Ah, si j'avais eu à l'hôpital un maître ! Mais c'était Richerand, un charlatan !* » (1).

Il aimait contre-juger les personnages qu'il étudiait par « leurs contraires et leurs antipathies » ; « rien ne sert mieux, disait-il en substance, pour marquer les limites d'un talent, que de chercher son antagoniste » (2). En d'autres termes, s'il avait appliqué sa propre méthode à lui-même, il aurait sûrement recherché les raisons de cette antipathie naturelle.

Il fallait qu'elle eût de profondes racines, car Richerand, en 1825, avait atteint l'apogée d'une brillante carrière : Fils d'un notaire de Belley, il avait été reçu Docteur à 20 ans à la suite d'une thèse remarquée sur les fractures du col du fémur; huit ans plus tard, il avait obtenu successivement les postes de chirurgien-adjoint, puis de chirurgien-chef à St-Louis, enfin le titre envié de Professeur à l'Ecole de Médecine. En 1814, était survenue une terrible épidémie de typhus ; St-Louis avait été transformé en une vaste ambulance. Bien que sa qualité de chirurgien l'en eut dispensé, il s'était bénévolement exposé auprès des contagieux. Son dévouement, habilement exploité par lui, l'avait mis en vedette et,

---

(1) Journal des Goncourt, tome III, p. 177.
(2) Nouveaux Lundis III, 15.

lorsque Sainte-Beuve était son externe, il se disputait la première place avec Dupuytren.

A vrai dire, l'enseignement chirurgical de Richerand n'avait pas l'éclat lumineux de celui de son adversaire. Son éloquence sentait l'effort, et, souvent, l'artifice de la phraséologie y perçait. Mais cette infériorité justifie-t-elle l'épithète de charlatan que lui a décoché Sainte-Beuve ?

N'oublions pas que ce dernier détestait avant tout ceux qui utilisent leurs amis, les circonstances, les événements politiques, et se plient successivement à des influences variées, non, comme il le fit lui-même, en toute bonne foi et par erreur, mais pour arriver à leurs fins. Or Richerand était bien un peu un faiseur, un charlatan : il avait clamé bien haut son dévouement, espérant forcer la main et accélérer sa nomination à la chaire de clinique ; il avait des prétentions littéraires ; il ménageait à la fois les susceptibilités religieuses et philosophiques les plus opposées. Il ne pouvait supporter d'autres gloires que la sienne et accablait Dupuytren de ses sarcasmes.

Sainte-Beuve avait aussi contre lui des griefs personnels :

« *A peine eut-il accepté, écrivait-il en parlant de lui-même, la charge d'une fonction subalterne, et se fut-il placé, à l'égard de ses protecteurs, dans une position dépendante, qu'il ne tarda pas à pénétrer les motifs d'une bienveillance trop attentive pour être désintéressée. Il avait compté être protégé, mais non exploité par eux ; son caractère noble se révolta à cette dernière idée.* » (1)

Sainte-Beuve n'a-t-il pas été trop sévère ? S'il nous fallait répondre, nous dirions que le maître n'était pas à la hauteur de son élève. Sainte-Beuve, bon observateur, était, à ce titre, dangereux. Il découvrait, s'il y en avait, les plus petits défauts, et pour peu qu'ils lui déplussent spécialement, refusait à jamais son amitié (2). Tel fut probablement le cas de Richerand, trop imparfait pour soutenir son regard scrutateur.

Dupuytren, au contraire, le réconcilia avec la chirurgie. Ce n'était pas que l'homme fût supérieur à Richerand : L'un et l'autre se valaient. Sa jalousie, sa dureté sont encore proverbiales.

Mais il lui pardonnait ses bassesses et accordait au savant, au professeur, au chirurgien, une admiration

---

(1) Poésies, éd. Lemerre, tome I, p. 18.

(2) « L'auteur des Causeries, dit Levallois, excellait, comme n'eut pas manqué de lui dire son maître Montaigne, à se piper lui-même. Il se jetait, intellectuellement parlant, à la tête des sens, découvrait chez eux des talents, des vertus, des charmes de toutes espèces, se faisait bon compagnon, hospitalier, prévenant, et, sans la solliciter, par sa naturelle et insinuante expansion, obtenait la confiance. On ne posait point devant lui : on se livrait, on était soi. Puis, un jour, l'éblouissement venant à cesser, il apercevait au beau milieu du visage du modèle, une verrue qui, dès la première minute aurait dû lui sauter aux yeux, et que, dans le feu de son enthousiasme, il n'avait eu garde de remarquer, par conséquent de reproduire. Furieux de son erreur, mais n'en convenant pas vis-à-vis de sa conscience, il accusait le modèle de l'avoir trompé, et se dédommageait en traçant un contre-portrait où la verrue, surmontée d'une houppe de poils follets, s'étalait dans toute sa splendeur » (Sainte-Beuve par Levallois, p. 146-147). Peut-être semblable évolution se produisit-elle pour Richerand.

sans réserve. Il en parlait encore à ses amis sur ses vieux jours (1) et fut toujours fidèle à sa mémoire. Il ne connut jamais Dupuytren qu'à l'Hôpital. Quand Dupuytren mourut, en 1835, Sainte-Beuve n'avait pas encore ses entrées dans les salons et ne put pas établir avec lui une liaison qu'il a certainement souhaitée.

Peut-être connut-il aussi à St-Louis un autre médecin célèbre, un dermatologiste cette fois, le Baron Alibert. Si leurs relations remontent à cette époque (et nous sommes disposé à le croire), Sainte-Beuve dut admirer ce maître à l'égal de Dupuytren. Les deux hommes avaient de nombreux points de contact.

Comme lui, Alibert (2) s'était primitivement destiné à la littérature. Dès son enfance, il s'était plongé dans

(1) Sainte-Beuve se flattait, auprès de ses secrétaires d'avoir été « roupiou » sous Dupuytren et d'avoir même un jour remplacé l'interne absent pour aider le célèbre opérateur (Voir p. 80).

Sainte-Beuve parle de Dupuytren à propos de Lamartine dans le tome I des Premiers Lundis : « Dès les premiers mots il était clair à tout le monde que M. de Lamartine possédait les plus beaux dons de l'esprit. M. Dupuytren, qui était debout attentif, en face de lui devait être là-dessus du même avis que le plus passionné lecteur des méditations » (P. 313).

Rappelons que, suivant Jules Troubat, Sainte-Beuve eut fait un excellent chirurgien : il était doué d'une grande dextérité manuelle et avait l'habitude de se raser sans miroir avec une rapidité vertigineuse ! (Sainte-Beuve intime et familier, p. 16).

(2) Sur Alibert, cf : Alfaric-Alibert, fondateur de la dermatologie, thèse Paris 1917, et J.-L. Alibert par le Dr Brodier, conservateur des musées de l'hôpital St-Louis, Maloine, 1923. On trouvera aussi l'analyse de ces ouvrages dans la Revue moderne de médecine et de chirurgie 1926, n° 12, p. 359 par le Dr Voivenel; et dans le numéro de mars 1925 d'Esculape par le Dr Debat, p. 74.

les œuvres gréco-latines et Cicéron, Anacréon, Théocrite (que Sainte-Beuve adorait lui-même) avaient été ses auteurs favoris. Comme lui, il avait accompli avec éclat ses humanités ; il se préparait à enseigner dans ce même collège congréganiste de Toulouse qu'il avait fréquenté comme élève, lorsque en 1792 la Révolution avait aboli les ordres. En 1793, il était bien vite entré à la nouvelle Ecole Normale de Paris. Mais le pauvre Alibert jouait de malheur ! Quelques mois plus tard, l'Ecole refermant ses portes, l'avait laissé désemparé. Cependant son séjour dans la Capitale, le commerce des savants, avaient développé chez le jeune homme un goût marqué pour l'observation scientifique. En ventôse an IV, renonçant à ses premiers projets, il s'était enrolé à l'Ecole de Santé de Paris. Il avait trouvé sa voie et ne s'en écarta plus. Il avait gravi depuis rapidement tous les degrés et s'était poussé par son mérite à la situation la plus enviée : Il avait bientôt fondé la Société de Médecine dont il fut le premier secrétaire général. En 1801, protégé par Cabanis, (ce même Cabanis dont Sainte-Beuve appréciait si fort les ouvrages), il avait été nommé médecin adjoint de St-Louis et avait pu se livrer à son occupation favorite : l'enseignement. Sa renommée s'était répandue non seulement dans les milieux médicaux, mais encore dans toute l'élite cultivée. Depuis l'année 1815, il n'avait plus à briguer aucun honneur, puisqu'il avait été choisi par Louis XVIII comme premier médecin.

Quel beau programme pour Joseph Delorme. Et puis, il dut se laisser prendre aux charmes de l'enseignement d'Alibert. Peu de maitres l'ont dépassé dans l'art d'intéresser leur auditoire. Ses leçons n'avaient pas l'ampleur des cours de Dupuytren ; mais elles gagnaient en vie et en douce familiarité ce qu'elles perdaient en solennité. Nul doute que si Sainte-Beuve en écouta quelques-unes (1), dans la belle cour en miroir qui précède le pavillon Gabrielle, il n'ait applaudi très fort avec tous ses camarades. Peut-être, s'il avait pu se placer sous la protection d'un tel maître, nous serait-il resté fidèle. Mais il ne fut jamais son externe. D'autre part, ses royales fonctions éloignèrent Alibert de l'hôpital. Des deux hommes, aucun ne se doutait qu'ils se rencontreraient un jour, et que Sainte-Beuve, non plus Joseph Delorme, s'assierait à la table de son ancien professeur, aux côtés de Me Amable Tastu, d'Elisa Mercœur, de Louise Revoil, alias Louise Colet, bas-bleu que le critique ne se privera

---

(1) Y eut-il des relations de maitre à élève entre Alibert et Sainte-Beuve ? Nous ne pouvons l'affirmer. Le D: Brodier nous a répondu qu'il n'avait trouvé aucun renseignement concernant ces relations. Sainte-Beuve n'aurait été qu'un auditeur libre du grand médecin. Mais il dut le connaître dès sa période d'études médicales. Cabanès (Revue Mondiale 1926, n° 29, p. 317) et Voizard (thèse citée, p. 63) ont soutenu avant nous, cette manière de voir. Sans doute s'en rapportaient-ils à l'anecdote suivante que Sainte-Beuve se plaisait à raconter : M. de Montmorency, administrateur des Hospices, venant de mourir, et, comme on était alors en pleine réaction catholique, on avait décidé de célébrer dans chaque hôpital un service religieux. Alibert s'adressant aux étudiants qui l'entouraient avait dit : « Allez-y, celà fera bien » ; Sainte-Beuve faisait donc partie du cercle d'auditeurs qui s'empressaient autour du maître.

pas de fustiger (1) ; que le disciple d'antan serait convié aux fastueuses représentations que le professeur donnera en grand seigneur dans son hôtel ; qu'enfin leur amitié pour Me Desbordes-Valmore les rapprocherait encore. Et, tandis qu'Alibert, son cours terminé, regagnait en carrosse les luxueuses Tuileries, Joseph Delorme, pauvre, triste, déjà aigri et mécontent, regagnait sa modeste chambre de la rue de Vaugirard.

*

* *

En effet, à l'enthousiasme du début, succéda bientôt une dépression âpre et mélancolique. Les études médicales lui parurent monotones ; un an s'était à peine écoulé depuis sa première inscription, qu'il s'en plaignait à son ami Martinet, qui, en ces termes, essayait de stimuler son énergie défaillante :

« *Je ne laisserai pas sans réponse la dernière partie de ta lettre où tu te plains de l'uniformité de tes travaux; mon cher ami, cette uniformité ne durera pas toujours ; quand tu auras parcouru le cercle de tes études, et que tu commenceras à faire l'application des connaissances nombreuses et étendues que tu auras acquises, les ser-*

(1) Les relations littéraires et mondaines des deux hommes ne sont mises en doute par personne. Me D. Valmore fut le gracieux intermédiaire et ouvrit au critique les portes du salon d'Alibert. Sainte-Beuve garda bon souvenir de la conversation du maître de céans et plus tard rappela quelques unes de ses boutades : « Alibert disait qu'un homme marié est un homme englouti », (Nouveaux Lundis, tome V) ; voir aussi p. 13 et 168 des Portraits Contemporains II, p. 134 du tome XII des Nouveaux Lundis, et les articles sur Me A. Tastu dans le tome II des Portraits Contemporains.

vices que tu pourras rendre à tes concitoyens compenseront grandement tes travaux et tes dégoûts ». (1)

Deux mois après, un autre de ses camarades s'étonnait de ce qu'il ne parlât plus dans ses lettres de ses études ni de ses malades. (2) Enfin, le 31 août 1826, apprenant que Sainte-Beuve avait quitté l'hôpital St-Louis sous prétexte de se rapprocher de sa mère ,Charles Neate, pousse un cri d'alarme et rappelle au jeune étudiant la nécessité de la fréquentation hospitalière :

« *J'ai appris par une lettre de M. Landry à mon père, lui écrivait-il, que tu avais quitté l'hôpital de St-Louis pour pouvoir habiter avec ta mère. J'espère que tu ne négliges pas pour cela la partie pratique de la médecine, et que, dans quelques années, j'entendrai parler non seulement de ta grande science, mais des cures merveilleuses du Docteur Sainte-Beuve... J'espère, ajoutait-il, que tu prendras bientôt ton titre de Docteur...* » (3)

Charles Neate n'y voyait que trop clair, depuis longtemps déjà la médecine ne suffisait plus à Joseph Delorme ; il s'intéressait à l'histoire (4), s'occupait de littérature et surtout de poésie : Beaucoup de ces pièces de

---

(1) Lettre de Martinet du 15 octobre 1825 (collection Lacassagne).

(2) Lettre de Ch. Neate, du 18 décembre 1825 (collection Lacassagne), où il est écrit textuellement : « Je voudrais apprendre aussi quelque chose de toi-même, de ta santé et de celle de tes malades ..... »

(3) Lettre de Ch. Neate, du 31 août 1826 (même collection).

(4) Comme en atteste le passage suivant d'une lettre que lui adresse A. Neate, le 28 novembre 1824 : « Tu m'as dit il y a quelque temps que tu passais une heure tous les jours à compiler avec d'autres gens une histoire de France ; puis-je savoir si l'ouvrage s'avance ? »

« Joseph Delorme », sur lesquelles souffle un « vent de cadavre », naquirent dans sa chambre d'étudiant (1). Un événement vint à point accélérer sa désertion. En automne 1824, son ancien professeur de rhétorique, Dubois, fonda le journal littéraire « le Globe » : il y vit une occasion inespérée de faire ses débuts ; et s'en fut demander asile à son maître. L'entrevue nous a été rappelée par ce dernier et le récit montre quelles étaient les dispositions morales du jeune homme :

« *J'étais malade et au lit, dit Dubois, et, assis à mon chevet, il me peignait ses dégoûts, et, cependant, la nécessité d'un état, ses rêves littéraires et l'impossibilité de s'y livrer. Je le relevais, et sans le précipiter dans la carrière si hasardeuse de la presse, où la persécution m'avait jeté, je lui prêchais la constance dans la profession de médecin, en lui montrant la possibilité des heures possibles à réserver au moins longtemps encore, comme une prière et un culte à son dieu secret* ». (2)

Dubois « prêchait » la persévérance ; mais d'autres circonstances vinrent encore favoriser le penchant de Sainte-Beuve pour la poésie : le hasard voulut que Dubois lui confiât la rédaction d'un article sur V. Hugo ; Sainte-Beuve fut élogieux ; Hugo flatté, et qui (simple détail topographique, mais combien important) habitait tout près dans la même rue, à deux numéros, tint

---

(1) Cf. d'Haussonville loc. cit. 139 ; et Choisy, op. citato : « Les poésies de J. Delorme furent pour la plupart, composées à l'époque où il étudiait la médecine. Les fragments cités portent la trace de son passage à la Faculté ; il y réveillera des souvenirs de l'hôpital ou de la morgue ».

(2) Rapporté par Séché op. cit., p. 58-I.

à aller le remercier. Les deux poètes se lièrent d'amitié, et Sainte-Beuve, emporté dans l'orbe de Hugo, ne songea plus guère à sa médecine.

A vrai dire il n'y pensait que fort peu depuis la fin de de l'année 1826. Entre 1823 et le premier trimestre 1827, il avait pris quatorze inscriptions ; puis il avait laissé passer deux semestres sans faire acte de scolarité, jusqu'au mois de Décembre 1827, durant lequel il prit sa quinzième inscription ; c'était la dernière : il ne prit jamais la seizième et ne se présenta à aucun des six examens probatoires qui étaient alors nécessaires pour obtenir le doctorat. (1)

Ainsi finirent, inachevées, les études médicales de Sainte-Beuve; un vaste courant scientifique l'avaient amené à la Faculté ; un vaste courant littéraire l'en emmena (2).

---

(1) Cf. rapport déjà cité de M. le Pr Pinard in thèse Voizard.

(2) Nous nous expliquons de la sorte la désertion de Sainte-Beuve. Bien d'autres théories ont été proposées.

La plus invraisemblable est celle de J. Janin : « L'aspect de ces affligés, leur peine silencieuse, la mère au chevet de son fils, le vieillard mourant abandonné !... Le jeune étudiant y perdit bientôt tout son courage. Il avait apporté de sa ville natale une tranquillité, un enjouement qui ne pouvait guère s'accommoder avec ces arrêts quotidiens de souffrance et de mort ». Contre-sens monstrueux, qui souleva les justes protestations de Levallois : « Pure rhétorique ! Sainte-Beuve quitta tout simplement la médecine parce qu'il voyait la possibilité de se faire une prompte et brillante carrière dans la littérature. Quant à son enjouement, il n'aurait certes pas été un obstacle à l'exercice de sa profession, surtout à cette époque. Je l'ai toujours connu foncièrement triste, souriant rarement, fermé à la plaisanterie gauloise et au franc-rire ». (Op. cit., p. XXXVIII-XXXIX).

Sainte-Beuve lui-même dans J. Delorme prétend avoir laissé

Avait-il dépensé en pure perte ces quatre ans consacrés à la physiologie, comme il disait? En avait-il retiré profit? Nous nous réservons de conclure ultérieurement. Mais, dès maintenant, nous avons le droit de poser quelques affirmations.

D'abord, il ne s'est pas contenté de côtoyer la carrière médicale. Pendant quelques mois, il s'y est donné tout entier. Nous croyons l'avoir démontré. Sans doute n'a-t-il acquis qu'un nombre limité de connaissances scientifiques. Mais il a eu le temps de se pénétrer des méthodes médicales.

---

la médecine parce qu'il fallait intriguer pour arriver, sous le régime de la Restauration, parce qu'il était exploité par ses maîtres, parce qu'il était dégoûté : « Joseph se sentait le plus malheureux des êtres ; sa pauvreté, ses études médicales, la fatigue d'un travail insipide lui causent de perpétuels dégoûts. La vue de jeunes et brillants talents qui s'épanouissent lui inspire non pas de l'envie, il n'en eut jamais, mais une tristesse resserrante. S'il va un jour dans ce monde qui lui sourit, mais où il sent qu'il ne peut se faire une place, il est en pleurs le lendemain. » Encore une fois il faut faire la part de l'exagération poétique. N'oublions pas que Sainte-Beuve était sous le coup de la lecture de « René ».

Il est certain néanmoins que Sainte-Beuve s'ennuya les derniers mois de sa vie d'étudiant : « Sainte-Beuve, noteront plus tard les Goncourt, nous parle de son temps d'internat (sic) à St-Louis en 1827, de sa chambre rue de Lancry, au 18e étage, où je vivais seul, dit-il, où pendant 17 mois personne n'est entré que ma mère et une seule fois. C'est depuis ces mélancolies de l'isolement, qu'il a réagi contre, qu'il a eu toujours besoin de monde, qu'il a voulu, dans sa salle à manger, des femmes, des chats. Et il cite l'exemple de Saint-Evremond s'entourant, à mesure qu'il vieillissait, de bêtes, d'animaux... et d'hommes, ajoute-t-il en souriant pour faire plus de vie autour de lui ». Journal III, p. 177).

Il avait d'ailleurs conservé de sa vie d'étudiant d'excellents souvenirs. Au dire de ses secrétaires, il se parait volontiers de son titre d'ancien externe. Sa sympathie allait aux étudiants en médecine. En 1865, il ouvrit toutes grandes ses portes aux carabins venus pour l'acclamer et leur adressa dans son jardin l'allocution suivante :

« *Messieurs, ancien élève, trop faible élève de l'Ecole de Médecine, mais fidèle et reconnaissant, rien ne pouvait m'être plus sensible qu'une démarche comme la vôtre. Il y a longtemps que je l'ai pensé : la seule garantie de l'avenir, d'un avenir de progrès, de vigueur pour notre nation, est dans l'étude, et surtout dans l'étude des sciences naturelles, physiques, chimiques et de la physiologie. C'est par là que bien des idées vagues ou fausses s'éclaircissent ou se rectifient ; que, dans un temps prochain, bien des questions futiles ou dangereuses se trouveront graduellement diminuées, et, qui sait, finalement éliminées. Ce n'est pas seulement l'hygiène publique de l'humanité qui y gagnera, c'est son hygiène morale. A cet égard, il y a beaucoup à faire. Etudiez, travaillez, Messieurs, à guérir un jour nos malades de corps et d'esprit...* » (1)

Un autre jour n'écrivait-il pas « à M. de Musgrave-Clay, élève de médecine », que « vingt-cinq ans d'une bonne Faculté de médecine avanceraient bien des choses dans notre pays ». (2)

---

(1) Lettres à la Princesse, 335, 336.
(2) Nouvelle Correspondance, 278.

Enfin, pendant son passage à l'Ecole de médecine, Sainte-Beuve contracta de solides et d'utiles amitiés : celle du docteur Veyne (1), son meilleur ami en premier lieu ; celle du docteur Véron (2), qu'il n'estimait pas beaucoup, mais qui lui ouvrit les colonnes de nombreux journaux.

---

(1) Voir Chapitre II de la deuxième partie.
(2) Cf. Chapitre dernier de la première partie.

CHAPITRE V

La Période des Métamorphoses.

(1827-1840)

SOMMAIRE. — **Introduction** ; ce sont plus des expériences que des métamorphoses.

a) **Influence de Hugo :** Sainte-Beuve romantique et mystique. Ce qu'il faut penser de sa conversion.

b) **Sainte-Beuve Saint-Simonien**, 1831.

c) **Influence de Lamennais** : il étudie plutôt l'homme, physiologiquement, qu'il n'adopte ses théories.

d) **Dernière métamorphose : Sainte-Beuve janséniste** ; il est conduit à Port-Royal par un médecin, M. Hamon ; mais la médecine, qui l'y avait fait entrer, l'en fait sortir : son appréciation est celle d'un médecin, non d'un adepte.

Conclusion : Le " retour aux idées saines ", c'est-à-dire au scepticisme. Conséquences.

Lorsque, en 1827, Sainte-Beuve abandonnait l'étude de la médecine, il ne se doutait pas qu'il abordait la période la plus agitée de toute sa vie, celle qu'il appela dans la suite « la période de ses métamorphoses ». Le matérialisme l'avait déçu, ou, plutôt, ne l'avait point satisfait ; il errait, désemparé, ne sachant à quels principes accrocher son esprit hésitant. En cet état d'âme, il essaya successivement de tous les systèmes. Pendant près de onze années on le vit figurer dans les cénacles littéraires, dans les écoles philosophiques les plus opposées. A vrai dire, ce furent plus que des essais: ce furent bien en un sens des métamorphoses et il s'incorpora sincèrement aux différents milieux qui l'accueillirent. Il a été, pour employer l'expression de Levallois, le « juif errant » du monde moral (1). Lui-même s'écriait, traduisant son tourment en de poétiques accents :

« *Je vais donc et j'essaie, et le but me déjoue,*
« *Et je reprends toujours et toujours, je t'avoue,*
« *Il me plait de reprendre et de tenter ailleurs,*
« *Et de sonder au fond même au prix des douleurs ;*
« *D'errer et de muer en mes métamorphoses ;*
« *De savoir plus au long plus d'hommes et plus de* [*choses,*
« *Dussé-je, au bout de tout, ne trouver presque rien ;*
« *C'est mon mal et ma peine, et mon charme aussi bien.*
« *Pardonne, je m'en plains, souvent je m'en dévore*
« *Et j'en veux mal guérir,... plus tard, plus tard* [*encore.* » (2)

Il n'entre pas dans le cadre de notre travail de suivre pas à pas l'évolution morale de Sainte-Beuve, encore moins de la juger. Nous voulons seulement étudier l'attitude qu'il observa dans la traversée de ces milieux si différents. Nous verrons que ses réactions ont été en partie déterminées par l'orientation que son éducation médicale lui avait donnée. L'esprit critique, qui s'était, grâce à elle, considérablement développé chez lui, le

(1) Sainte-Beuve par Levallois, p. 256.
(2) Poésies éd. Lemerre, tome II, p. 306.

tint, pour ainsi dire, constamment en lisière, et somme toute, à son insu, ses métamorphoses ne furent pour lui qu'une longue série d'expériences.

*
* *

La première fut l'expérience romantique.

Sainte-Beuve, dans les circonstances que l'on sait, (1) avait fait la connaissance de Victor Hugo. Le hasard amenait à point la puissante personnalité de l'auteur des « Odes et Ballades » dans la modeste chambre du jeune rédacteur du Globe. De multiples raisons voulaient qu'une amitié chaque jour plus étroite unît bientôt les deux poètes.

Sans doute, Sainte-Beuve fut-il d'abord fasciné par la poésie passionnée de son nouvel ami : il en goûtait l'originalité, la pureté, la sonorité. L'impression consolante et douce qui s'en dégageait, était propre à calmer son inquiétude.

Mais, la fréquentation de Hugo lui procura des satisfactions plus générales et plus importantes. Nous ne saurions mieux faire que de laisser la parole à M. Bellesort :

« *Le Romantisme lui avait ouvert l'intelligence à un nouveau genre de beautés ; mais il fit mieux encore : il lui donna, pendant un an ou deux, ce qui lui avait manqué, une vraie jeunesse. La vie qu'on menait au Cénacle était une vie ardente et, malgré les productions mélancoliques et désespérées qui en sortaient, allègre et*

---

(1) Cf. p. 89.

joyeuse,. Hugo était gai, souvent jusqu'au rire éclatant .... » (1)

Les promenades au coucher du soleil ; les soirées où il connut Mérimée, « qui, en l'absence de la cuisinière était capable de vous improviser un diner succulent » ; Alexandre Dumas, « la joie de la création faite homme »; Musset « fumant, chiquant, galopant, et allumant son cigare aux quinquets devant les demoiselles pour être vu », étaient une aubaine inespérée pour Joseph Delorme, qui n'avait guère quitté les jupons de sa mère que pour la soutane de l'abbé Barbe ....

Enfin, il y avait à leur amitié, une autre raison d'ordre sentimental, sur laquelle nous n'avons pas à insister : Madame Hugo, auprès de laquelle Sainte-Beuve venait « filer sa quenouille ».

L'influence de V. Hugo ne tarda pas à s'exercer sur l'esprit de Sainte-Beuve, « ouvert à tous les vents ». En fait de poésie, il passa délibérément au romantisme. Tandis qu'éclatait le manifeste de Cromwell, il publiait son « Tableau de la poésie française au XVIe siècle », où il rattachait le Romantisme à l'art de Ronsard. Il lâchait, quelques mois plus tard, le Globe et rentrait à la « Revue de Paris », que dirigeait le Dr Véron, pour y chanter plus librement les louanges de la nouvelle école. Enfin il faisait partie « de ce public des premières représentations de Hernani, public fervent, plein d'espérance et de désir, et qui mettait toute sa force, en ce moment, à tenter une révolution, non pas précisément dans l'état, mais dans l'art » (2)

---

(1) Conférence de M. Bellesort du 2-II-27.
(2) Lundis, VI, 110.

En même temps qu'il s'éloignait du classicisme, il s'écartait aussi du matérialisme. Il ne voyait plus Daunou. Quelques mois à peine après la parution de « Joseph Delorme », œuvre d'un Werther Jacobin et carabin (1), il écrivait les mystiques « Consolations », « *L'amitié et la religion ont jeté sur ces vers une teinte délicate d'émotion sacrée et de reconnaissance* » (2). Il confiait à son ami Barbe que « ses idées, qui, pendant un temps, avaient été tournées au philosophisme, et surtout à un certain philosophisme, celui du XVIIIe siècle, s'étaient beaucoup modifiées, et avaient pris une tournure dont il croyait déjà sentir les bons effets » (3).

En réalité, la conversion de Sainte-Beuve, soit en matière littéraire, soit surtout en matière religieuse, n'était ni complète ni solide. Il n'accordait pas à Hugo une admiration sans réserve, et, dès son premier article, l'avait mis en garde contre les excès dangereux de son imagination, contre sa passion du grand, de l'énorme, du monstrueux (4) : l'esprit critique n'avait jamais perdu ses droits, et, lorsque Hugo créa le drame romantique, Sainte-Beuve refusa sans embages de l'y suivre.

Il en était de même de sa conversion religieuse. Lui-même avoua cyniquement plus tard qu'il s'était rallié au catholicisme, « par l'effet d'un charme » (5) ; Béranger, au reçu des « Consolations », répondit à l'auteur :

« *Il me semble que c'est à quelque beauté tendrement*

(1) Mot de Guizot.

(2) In Choisy, Sainte-Beuve, p. 19.

(3) Lettre à Barbe. Nouvelle correspondance, p. 13 (1829).

(4) Voir dans les conférences de M. Bellesort l'analyse de l'article de Sainte-Beuve sur les Odes et Ballades.

(5) Cf. Préface du présent ouvrage.

superstitieuse, que vous avez emporté ce lambeau de culte jeté sur votre foi de déiste par condescendance amoureuse ». (1)

A notre sens, Béranger s'est trompé ; Sainte-Beuve s'est calomnié et a préféré passer pour un amoureux rusé et cynique que pour un ancien catholique. Il aurait voulu retrouver la foi de son enfance. Mais il n'y parvint jamais. Ses grands amis catholiques ne s'y trompèrent pas :

« *Il y a dans les Consolations, écrivait Just-Olivier, de très beaux morceaux, mais toujours manque de foi réelle .... Un des morceaux les plus croyants est celui où l'auteur établit une sorte de vraie route à suivre entre l'incrédulité et le mysticisme, et c'est le catholicisme qui lui offre cet abri tutélaire. Mais on y sent une idée matérielle des choses de Dieu, une idée poétique et voilà tout* ». (2)

Pour Collombet, Sainte-Beuve était « converti, mais non convaincu » (3). Enfin lui-même trouva l'expression de la pure vérité sur l'histoire de sa conversion, lorsqu'il écrivit :

« *J'ai écouté, j'ai goûté ; j'ai admiré et senti. Vous savez bien que ce n'est pas là croire* ». (4)

Ainsi la première métamorphose de Sainte-Beuve le laissait dans l'incertitude. A la recherche d'une croyance, il rencontra le Comte de Saint-Simon.

---

(1) Voir Séché. Op. cit. I, p. 104.
(2) Voir Séché. Op. cit. I, p. 105.
(3) Correspondance, I, 322.
(4) Cité par Choisy in op. cit. p. 159.

L'année 1830, qui avait marqué le déclin de l'influence de Hugo, entraîna Sainte-Beuve dans une expérience plus courte encore que l'expérience romantique et catholique.

Il avait cru close l'ère des révolutions, et voilà que les journées populaires de 1830, vinrent réveiller en lui, « le vieil homme », le vieux girondin. Une crise économique s'était déclanchée et la question sociale et humanitaire se posait avec une invincible clarté. Joseph Delorme ne voulait pas seulement une religion, il lui fallait une doctrine politique, ou, pour employer un néologisme contemporain, il lui fallait une « mystique ». Il crut la trouver dans le mouvement néo-catholique.

Un concours de circonstances le poussa dans les bras des Saint-Simoniens. D'abord ils tenaient leurs assises dans la maison même où étaient installés les bureaux du Globe, dont il avait été un des premiers rédacteurs, et, comme le remarque judicieusement Bellesort, (1) « à défaut de foi, sa seule curiosité l'eut porté vers ces voisins ». Ensuite, il connaissait intimément Pierre Leroux, (2) fort lancé dans le monde néo-catholique. Et puis, Saint-Simon n'avait-il pas suivi, comme lui, les cours de l'Ecole de Médecine ? Sa doctrine était présentée par ses disciples (savants, médecins ou industriels), comme une tentative de rénovation et de réorganisation de la

---

(1) Voir conférence Bellesort du 23-II-27.

(2) Consulter le livre de Pons, un des secrétaires de Sainte-Beuve, p. 130-133.

religion et de la société par la science. Cette proposition convenait parfaitement à l'ancien élève de Daunou. Saint-Simon prêchait l'optimisme, et Sainte-Beuve, dont le cœur saignait encore d'une récente blessure, pouvait en espérer un soulagement. Il prêchait aussi l'amour du peuple et de la classe pauvre, accordait une grande place aux écrivains et aux artistes dans la société qu'il voyait en rêve. Enfin Sainte-Beuve esprit positif ne pouvait lui reprocher « *d'avoir placé la matière dans l'interdit* » (1) comme l'avait fait le catholicisme ; le Saint-Simonisme ne faisait pas table rase de la physiologie, de la science, de l'industrie :

« *Nos besoins physiques étaient réintégrés dans la plénitude de leur satisfaction légitime; le conseil de diminuer ces besoins était remplacé par celui d'augmenter nos moyens ; le précepte d'amortir nos désirs en nous se taisait devant le devoir d'étendre notre puissance au dehors.* » (2).

Ainsi Sainte-Beuve revenait-il déjà sensiblement à ses premières amours quand il assistait aux réunions tri-hebdomadaires de l'hôtel de Gèsvres où trônait le Père Enfantin. Il y rencontra Emile Souvestre, Félicien David, Liszt qui improvisait au piano, Béranger. Et Victor Pavie pouvait écrire :

« *Sainte-Beuve est d'une tristesse navrante ; il m'a conté des choses qui m'ont fait bien de la peine. Il flotte entre le Saint-Simonisme et le catholicisme et finira par endosser l'une ou l'autre de ces soutanes.* » (3)

---

(1) Bellesort. Eodem loco.
(2) Cité par Bellesort, loc. cit. p. 42.
(3) Même origine.

En réalité, Pavie s'alarmait à tort, et Sainte-Beuve n'endossa pas plus l'une que l'autre. Enfantin eut tôt fait de précipiter dans l'abîme la doctrine de son maître, à la suite des pires extravagances. Il inventa sa fameuse théorie du couple-prêtre, et se retira dans la phalanstère de Ménilmontant avec ses rares fidèles. Cet essai sincère de réforme finit lamentablement en de scandaleuses orgies érotico-mystiques, dont la justice eut à s'inquiéter.

Sainte-Beuve ne suivit pas les Saint-Simoniens dans leurs élucubrations insensées. Plus tard, il fut même un peu honteux de les avoir écoutés plusieurs semaines et affirma qu' « il ne s'était jamais laissé prendre à leur souricière ». (1) Il se méfia désormais de la « métaphysique libérale ». Cependant, (et c'est pourquoi ce fut encore pour lui une expérience qu'il ne regretta pas), il sut en tirer d'importantes conclusions. Il écrivit en 1859 à Enfantin, qu'il avait appris près de lui à ne pas « tourner le dos à la civilisation » (2), comme le font trop souvent les purs intellectuels. Il s'applaudit d'avoir en cette occasion assisté à la genèse d'une religion ; grâce à son passage chez les Saint-Simoniens, il était mieux armé pour comprendre les origines du Christianisme ou du Jansénisme.

« *Je l'ai vu de près et par les coulisses, dit-il textuellement à propos du néo-catholicisme: il m'a beaucoup servi à comprendre l'origine des religions avec leurs diverses crises et même (j'en demande bien pardon) Port-*

(1) Cf. Choisy. Sainte-Beuve, p. 112-113.
(2) Bellesort, loc. cit. 43-44.

Royal et le Christianisme. Ainsi pour les expériences physiques : vous faites des mélanges dans un matras, et cela vous aide à comprendre les météores. » (1)

L'étudiant de Saint-Louis reprenait ses droits et assistait en observateur à l'éclosion de la névrose Saint-Simonienne (2).

*
* *

Sainte-Beuve ne sortait pas guéri de cette épreuve et il s'en plaignait à Enfantin :

« *Pourquoi, en m'aidant à comprendre tant de choses, lui disait-il, ne m'avez-vous pas appris à aimer la vie ? Malade de la fin du vieux monde et du commencement de celui-ci, malade vous m'avez trouvé, malade vous m'avez laissé. La seule différence, c'est que J. Delorme, comme un enfant, criait son mal par-dessus les toits, et moi je le cache, mais la passion douloureuse et funeste, la passion individuelle n'en est pas moins chérie.* » (3)

En désespoir de cause, il s'adressa à l'abbé de Lamennais.

Ce fut plutôt Lamennais qui vint à Sainte-Beuve : lorsque parurent les « Consolations », le fougueux abbé crut avoir trouvé l'occasion de conquérir une âme. Le Mennaisianisme, comme le Saint-Simonisme se réclamait du peuple. Il prétendait éviter la tyrannie par la religion et réagir contre l'individualisme. Il fallait dé-

---

(1) Port-Royal, IV, 336.

(2) Sur Saint-Simon, consulter : La vie du Comte de Saint-Simon par Maxime Leroy. Grasset éditeur, et Genil-Perrin : les Paranoiaques, p. 349 (Maloine, 1927).

(3) Bellesort, loc. cit. p. 44.

noncer le Concordat, rendre à l'Eglise son indépendance et en faire la grande régulatrice de l'Etat moderne. Lamennais n'avait encore publié que son « Essai sur l'indifférence », lorsqu'éclata la Révolution de juillet. Il était alors installé dans le collège oratorien de Juilly, où le retenait la composition d'un grand ouvrage « qui promettait d'embrasser, par une méthode toute rationnelle, l'ordre entier des connaissances humaines » (1). Il en donna lecture à ses disciples et Sainte-Beuve y fut invité.

Cette lecture le séduisit sans le convertir tout à fait : « *Quelques enchaînements du livre m'ont échappé, écrivait-il* » (2).

Quelques jours après, il prévenait loyalement Lamennais des difficultés qu'il rencontrerait pour gagner son âme:

« *Il arrive alors qu'après quelques bonnes résolutions, quelques tentatives de sacrifices, on s'étourdit, et que, rentré dans le tourbillon des plaisirs et de la curiosité, on se croit presque heureux parce qu'on échappe à soi-même. Ainsi jusqu'à ce que la jeunesse nous manque ! Ainsi jusqu'à ce qu'on ait tué en soi la foi et l'amour ! Alors il ne reste que l'intelligence sans chaleur, un vide immense et un ennui croissant. J'espère que je n'en viendrai pas là ; mais j'aurai bien besoin de conseils et de secours presque continus. Nul n'est plus faible, plus livré que moi à l'intelligence curieuse et à la mobilité des sensations.* » (3)

(1) C'est ainsi que s'exprima Lamennais, parlant de son ouvrage.

(2) Lettre à Barbe (1832).

(3) Lettre inédite publiée par Bellesort, loc. cit. 160.

En même temps, il avouait à Barbe que « certains points de la doctrine lui laissaient encore du trouble » (1) et qu'il y avait en lui « une excroissance de la faculté compréhensive ». Il ne suivit d'ailleurs pas longtemps Lamennais dans ses théories politiques et religieuses. Lorsque « Monsieur Féli », après l'échec retentissant du voyage à Rome, tourna brusquement casaque, il fut réprouvé par Sainte-Beuve :

« *Rien n'est pire, lui cria-t-il, que de provoquer à la foi les âmes et de les laisser là, à l'improviste, en les délogeant* » (2).

En vérité, nous estimons avec Bellesort que Sainte-Beuve n'a jamais donné dans les idées de Lamennais. Ce qui l'a intéressé, c'est l'homme. Nul doute que, dès cette époque, il n'ait pris en notes les éléments principaux de la véritable observation médicale qu'il dressa plus tard de l'auteur des « Paroles » :

Ce n'est pas par la logique, par l'induction, par les transports progressifs d'idées, qu'on peut expliquer les variations de l'abbé Lamennais, écrira-t-il, ou plutôt de M. Lamennais, car il n'est plus prêtre. Il y a en lui solution de continuité dans la région de l'intelligence et c'est par la physiologie, par le tempérament qu'il le faut expliquer. (3)

---

(1) Lettre à Barbe.
(2) Bellesort, loc. cit. 168.
(3) Mes Poisons, p. 140 (1826). On trouve ailleurs : « Prendre des notes comme je le fais dans la correspondance de Lamennais, c'est littéralement prendre des notes au chevet d'un malade qui, dans les accès de redoublement d'une fièvre continue, a tantôt d'affreux cauchemars, tantôt et plus ra-

Si nous en avions le temps, il nous serait facile de montrer comment Sainte-Beuve l'a expliqué par le « tempérament », nous dirions aujourd'hui par la constitution. L'orgueil, la fausseté de jugement, l'inadaptibilité sociale jointe à la méfiance, sont les quatre grands symptômes sur lesquels il a attiré notre attention. Aujourd'hui nous classerions volontiers Lamennais dans la famille des paranoiaques réformateurs et nous n'aurions qu'à appuyer notre diagnostic sur l'observation Beuvienne (1).

Ainsi, et une fois de plus, Sainte-Beuve s'était efforcé de croire sans y parvenir ; il allait tenter une dernière expérience : l'expérience janséniste.

*

* *

Sainte-Beuve semblait prédestiné par la nature à l'étude de Port-Royal : il comptait au nombre de ses aïeux le Janséniste Jacques de Sainte-Beuve. Une foule d'autres circonstances le dirigèrent plus sûrement vers

---

rement des visions entrevues dans l'azur. Le cœur veut alors dominer, l'enfer tient plus de place que le paradis ».

(1) Il insiste, avons-nous dit, sur les signes cardinaux.

L'orgueil : N'être rien n'est pas sa vocation (Nouveaux Lundis, XI, p. 354).

La fausseté de jugement : Il veut être détesté : « Quand les hommes vous maudissent, c'est alors que Dieu vous bénit ».

La méfiance : « Sa vie est un coup de tocsin perpétuel », il passe son temps à se forger des armes de controverses.

Insociabilité : il avait vécu presque isolé à La Chesnaie.

On trouvera une observation complète en glanant aux endroits suivants : Portraits Contemporains, I, 145 et sq. Nouveaux Lundis, I, 22 et sq.; Tome XI, p. 366 et sq.

Voir l'article de M. le Dr Cabanès paru dans la Revue des Alcaloïdes, 1912.

l'illustre abbaye. D'abord, il était né à Boulogne, et lors de sa jeunesse, la vieille cité gardait encore le pieux souvenir du célèbre évèque Janséniste Pierre de Langle. Il y avait vécu dans les jupes de sa mère, que l'on a définie « une sorte de puritaine anglaise ». Si bien que, comme on l'a dit, « né dans une atmosphère froide et austère, il était venu au monde sous l'étoile de Port-Royal ». Il s'était placé ensuite sous l'égide de Daunou. Or Daunou était un ancien membre de l'Oratoire qui fut toujours fortement entaché de Jansénisme ; suivant le joli mot de Séché, « la robe d'oratorien que Daunou avait jetée aux orties, lui ballait toujours entre les jambes » (1). Quelques années plus tard, Sainte-Beuve s'était encore rapproché des Solitaires, lorsqu'il s'était lié d'amitié avec Ulrich Guttinguer (2), qui, après une vie de débauche, en était venu à un espèce d'ascétisme, voisin du jansénisme le plus austère. Puis ensuite, il avait composé son « Tableau de la poésie française au XVIe », qu'il avait projeté de continuer par un ouvrage semblable retraçant l'histoire de la poésie du XVIIe, et il lui avait fallu pénétrer dans le monde vertueux de cet éternel Port-Royal.

Aussi était-il tout préparé pour une conversion janséniste lorsque, revenu du Saint-Simonisme, du Mennaisianisme, souffrant d'une passion malheureuse, il était en quête d'une croyance. Il n'essaya plus seulement d'en aborder l'étude en curieux ou en littérateur : il eut l'envie de devenir un adepte.

---

(1) Séché, Op. cit., I, 171.
(2) Voir le livre de M. l'Abbé Brémond.

Conduit à « chercher auprès des morts une consolation que les vivants n'avaient su lui donner » (1), il s'adressa plus spécialement à un illustre solitaire, et cet illustre solitaire avait été aussi médecin : c'était M. Hamon. Il était tout indiqué que, au titre d'ancien étudiant en médecine, il choisit un médecin comme directeur de conscience.

« *Pourquoi choisit-il M. Hamon, a dit Séché bien avant nous et bien mieux que nous ? Est-ce parce qu'il fut le plus humble solitaire de Port-Royal et le saint homme auprès duquel Racine voulut être enterré ? Peut-être, mais j'ai comme une idée que la raison du choix de Sainte-Beuve était d'ordre plus intime. M. Hamon, ayant été le médecin de Port-Royal, c'était, à mon avis, comme une amende honorable du Werther carabin qu'avait été Joseph Delorme. Un médecin chrétien ! pensez donc ! quel soufflet sur la joue des docteurs de l'école sensualiste du XVIII*e *siècle, où Sainte-Beuve s'était pendant quelque temps égaré !* » (2)

Se confier à M. Hamon, c'était, ajouterons-nous, se retrouver en pays de connaissances. Le Werther n'était plus Jacobin, mais il était toujours, au fond, carabin. A travers la personnalité de Hamon, ne chercha-t-il pas le moyen de concilier l'amour de la science qu'il portait en lui et la foi qu'il demandait à cor et à cri ?

Sainte-Beuve nous a raconté dans « Volupté » comment il découvrit M. Hamon dans la bibliothèque privée d'un ecclésiastique qui habitait près de St-Jacques-du-

(1) Passage de Volupté cité par Choisy. Op. cit., p. 116.
(2) Séché, Op. cit., 1, 186-187.

Haut-Pas (1). La lecture de ses œuvres exerça immédiatement sur lui un déterminisme marqué. C'est à elle que l'on doit la fin chrétienne de Volupté, ainsi que la poésie intitulée « M. Jean » dans les Consolations.

Si Sainte-Beuve avait dû être converti, il l'aurait été par M. Hamon (2). Il eût aimé suivre l'exemple de ce sage. Lorsqu'on lui proposa d'aller professer à Lausanne, en plein milieu évangélique, un cours sur Port-Royal, il accepta sans hésitation. Il prononça les premières leçons en ne cachant pas la sympathie qui l'attirait vers les Solitaires. Mais l'enchantement ne dura pas plus que

(1) Ibidem.

(2) On trouve dans le Port Royal de Sainte-Beuve toute l'étude des médecins de Port-Royal : Pallu, Dodart, Hecquet, etc. ..... Mais il s'est attaché surtout à M. Hamon. Il ne s'est pas borné à peindre le solitaire, l'ascète charitable, le saint homme qu'était ce janséniste. Il a signalé tous ses travaux scientifiques (voir tome IV, 383-384); il trouvait sa médecine exacte et circonspecte (IV-293) et va à l'encontre de l'opinion plus autorisée de Le Charpentier qui trouve à M. Hamon les qualités et les défauts de tous les médecins de son temps (voir thèse de cet auteur, Paris 1924) ; enfin il aborde la question brulante des rapports de la médecine et de la religion. Là encore Le Charpentier fait grief à Sainte-Beuve d'avoir dit de Hamon : « De même que sa médecine était une théologie continuelle, sa théologie devenait comme une physiologie de la foi ». Pour Le Charpentier médecine et théologie étaient forcément séparées par une cloison étanche.

Sainte-Beuve estimait très haut la valeur professionnelle de ce médecin et s'est efforcé de montrer que, même dans sa pieuse retraite, il ne put jamais oublier ce que lui avaient appris ses études : « M. Hamon citant avec bonheur son Hippocrate jusqu'au pied de Jésus-Christ, dit-il, c'est comme Pascal dans ce magnifique morceau où reparait Archimède à titre de prince de l'intelligence, de prince de son ordre. La marque de la vocation naturelle persiste encore sous la croix ». (IV, 335).

quelques mois. Peu à peu son esprit critique regimba. Il vit chaque jour plus clairement les excès, les faiblesses, les puérilités des personnages dont il avait retracé le portrait ; et, en fin de compte, au lieu de nous laisser un panégyrique de Port-Royal, il a en dressé une histoire vivante, mais impartiale, et souvent sévère : chaque volume était de moins en moins favorable : il y soulignait d'un trait de plus en plus ferme, le côté pathologique des « Messieurs ». Si un médecin s'avisait de construire aujourd'hui l'histoire pathologique du monastère, il trouverait tous les éléments de son travail dans l'immense ouvrage de Sainte-Beuve (1). Pour lui, bien des choses s'expliquent si l'on se rappelle les conditions matérielles de la vie à Port-Royal des Champs, les marais (2) et les fièvres, la mauvaise hygiène (3),

(1) On a attribué à Littré la mérite d'avoir fondé la pathologie historique. Ne serait-il pas temps de reporter, au moins quelques miettes de cette gloire sur le trop oublié Sainte-Beuve ?

(2) « Un étang plus élevé que le creux du vallon, y débordait souvent, et exhalait des miasmes putrides qui ont longtemps et même toujours assiégé et décimé ce monastère (Port Royal, I, 37).

Ailleurs : « L'Abbaye de Port-Royal-des-Champs devenait décidément trop étroite pour tant de religieuses ; il n'y en avait pas moins de 80, un grand nombre était toujours malade, les fièvres n'y cessaient pas ; il en mourut quinze en deux ans ». (Eodem loc., 321), etc....

(3) « L'hygiène et la diète de Port-Royal étaient généralement fort mal entendues » (Nouvelle Correspondance, p. 299). Il signale le manque d'air, les « corridors étouffés » et surtout l'ascétisme des Solitaires qu'il réprouve nettement : .... « On apprend à regret, dit-il, qu'un jour, des vêtements de drap trop longuement portés, produisirent un vilain effet pour la mère Angélique ; que telle autre sœur qui avait été fort brave dans le monde, récura un moment les

l'isolement (1), propres à engendrer bien des égarements mystiques. Il faut voir l'interprétation (combien profane),

poêles et les chaudrons du monastère ; que Mademoiselle d'Elbeuf, novice, ravalait sa qualité de princesse et de petite fille de Henri IV jusqu'à raccommoder les souliers des religieuses ; que M. Hamon allait volontiers en guenilles et qu'il mangeaît en cachette du pain des chiens, donnant le sien aux pauvres ; qu'il y eut un jour à partir duquel M. de Pontchateau ne changea plus de chemise ... » Après cette énumération, Sainte-Beuve fait exception pour les grandes âmes de Port-Royal qui ne tombaient pas dans ces pratiques ridicules : « On ne lit rien de tel ni dans la vie de Saint-Cyran, ni dans celle de de Saci : ces rigides, mais sages directeurs de conscience, étaient plutôt occupés à modérer ces excès, à les réprimer chez les plus fervents. Et surtout ce point odieux de la non-propreté, le plus véritablement choquant ...... » (Port-Royal, III, 322-323).

(1) Sainte-Beuve a décrit une sorte de neurasthénie propre aux cloitres et née de la solitude « Veine éternelle, à l'origine des cloîtres, on la retrouve. Cassien, dans son ouvrage, De Institutis Coenobiorum, parle d'une maladie particulière, acedia, et en fait le sujet de son dixième livre. L'acedia est l'ennui propre au cloitre, surtout dans le désert et quand le religieux vit seul ; une tristesse vague obscure, tendre, l'ennui des après-midi, le besoin de l'infini vous prend ; on s'égare en d'indéfinissables désirs ; c'est le moment où l'on se perdrait, volontiers dans le tourbillon du désert avec Pharan, où l'on s'écrierait volontiers avec René : « Levez vous vite, orages désirés !.... » On peut voir le mot acédia et ses définitions dans Du Cange, les trouvères se raillent de « l'accide », comme ils l'appellent. Le mot et la chose semblent disparaître avec le XIIe siècle. L'Imitation est une des dernières productions qui atteste presque à chaque page ces traces d'ennui tendre. La corruption venant dans les cloitres l'ennui en disparut, pour cause ; on eut la jovialité ; une dose de Rabelais contre « l'acide ». Il est tout naturel au contraire, qu'on retrouve les symptômes de ces subtiles tristesses de l'âme dans un cloître régénéré. » (Port-Royal, I, 185-186 en note).

qu'il donne de l'état de grâce (1). Ne remarque-t-il pas, fort irrévérencieusement, que « plusieurs jeunes filles qui devinrent les principales religieuses de Port-Royal avaient eu la petite vérole ...» Il ajoutait bien « qu'il ne voulait pas dire qu'on donne à Dieu que ce dont le monde ne veut pas ou ne veut plus » (2). Mais il y revenait autre part en faisant des remarques de ce genre :

« *Le dernier de dix enfants, d'une complexion débile et maladive, d'une conformation irrégulière, ou pour mieux dire contrefaite, s'était de bonne heure destiné à l'état ecclésiastique où la nature et la Grâce l'appelaient également* » (3).

Pour Sainte-Beuve, beaucoup parmi les jansénistes étaient des malades. Nous avons sous les yeux trois grandes pages de notes, extraites de son livre, et consa-

---

(1) A propos de la Mère Angélique par exemple : « L'excès et la violence du parti pris, au jugement des sensés et des honnêtes gens du monde, un certain scandale, une certaine folie enfin, y sont nécessaires et y mettent la marque même et le sceau ; de sorte qu'on peut dire que ce qui paraîtrait d'abord raisonnable aux yeux des personnes judicieuses et honnêtes d'un temps ne serait pas la Grâce ». Et, il continue en montrant la pauvre Mère minée par une fièvre quarte, plongée dans une mélancolie profonde, s'évanouissant, se mortifiant au point de se rendre malade, se cautérisant les bras avec de la cire brûlante etc.... Il fait entendre que « la Grâce est une place forte où l'on entre que par le soupirail dont la grille déchire en passant ».

Citons encore les phrases suivantes : « Elle ressentit un grand mouvement d'être religieuse, accompagné de circonstances singulières : une véritable vision ». (Port-Royal, I, 180).

(2) Port-Royal, II, 467.

(3) Port-Royal, V, 357.

crées à l'étude de la pathophobie de Mme de Sablé. Le cas de cette illustre malade l'intéressait au plus haut point et il déclara un jour avoir travaillé plus de vingt ans dans les papiers de cette « maniaque de qualité » (1). Il n'épargna pas non plus Nicole qui « n'osait sortir quand il faisait un peu de vent de peur des tuiles, qui ne passait pas une rivière dans un bac, sans avoir pour ceinture un gougourou pour pouvoir nager » (2). Il sou-

(1) Port-Royal, V, 52. « Madame de Sablé avait surtout « peur de gagner du mal par contagion, aucun suspect n'arrivait à elle qu'après quarantaine ». «...... Sur l'article de sa santé, et de sa sureté personnelle, elle était un peu comme cette princesse, qui ayant ouï dire un jour que des personnes ayant été écrasées par la chute d'un plancher, ne voulaient jamais depuis entrer dans une maison sans en avoir fait visiter les planchers auparavant. » Sa frayeur de la contagion était telle que Voiture, venant de parler dans une lettre à la Marquise du petit-fils de Me de Rambouillet, mort d'un mal pestilentiel, avait la précaution d'ajouter : « Sachez donc Madame, que moi qui vous écris ne vous écris point, et que j'ai envoyé cette lettre à vingt lieues d'ici pour être copiée par un homme que je n'ai jamais vu ». Madame de Sablé exigeait que l'on brûla beaucoup de genièvre dans la cour du monastère quand un cadavre y avait été transporté. D'autres fois, elle se plaignait que l'on n'ait pas pris suffisamment de précautions pour empêcher le contage des quelques cas de rougeoles. Enfin elle était obsédée par l'idée d'avoir perdu l'odorat. Consulter les passages suivants de Port-Royal : II-208 ; III-553-554 ; IV-500 ; V-53, 55, 56, 62, 63, 64, 65, et aussi la thèse de Crossaire sur Vallant et Me de Sablé, Paris 1910 et l'étude de V. Cousin.

(2) Port-Royal, IV, 428. Sainte-Beuve se complait à appuyer son diagnostic d'anecdotes significatives : « Un jour, redescendant de la tour nouvellement batie de Saint-Jacques du Haut Pas ....: Si tous vos pénitents dit-il, au curé, avaient une résolution aussi ferme de ne plus pêcher que j'en ai de ne plus remonter à cette tour, vous auriez pour paroissiens de bien bons chrétiens .... Il n'osait sortir quand il faisait du vent de peur de recevoir

riait aussi de la crédulité des solitaires auprès desquels charlatans et empiriques trouvaient la plus grande faveur. « Il y a vraiment trop de camomille dans le jardin de Port-Royal », disait récemment M. l'abbé Brémond (1). Sainte-Beuve était du même avis, il n'a pas oublié de signaler la lutte que dut entreprendre M. Hamon contre deux charlatans qu'avaient introduit MM. d'Andilly et de Luynes : l'un nommé Duclos, et l'autre connu sous le nom de maître Jacques dont on citait les cures merveilleuses.

« *Auprès des pilules de l'un et des poudres de l'autre, dit Sainte-Beuve, l'exacte et circonspecte médecine de M. Hamon avait tort* » (2).

Mais Sainte-Beuve se serait contenté de sourire de ces petites misères des jansénistes ; les soi-disant miracles de Port-Royal le brouillèrent complètement avec eux :

Dès le deuxième volume de son livre, il ne manque de commenter sévèrement la guérison miraculeuse de M. de Bascle, vieux gentilhomme du Quercy. « tout per-

des tuiles sur la tête. » .... « M. Nicole avait fait faire dans une chambre basse de sa maison de campagne une trappe au plancher, avec un coup de pied cette trappe s'ouvrait et faisait entrer en terre la table et tout ce qui était dessus ; .... en sorte que, quand on venait le visiter, on ne pouvait voir ce à quoi, il s'occupait ni s'apercevoir du secret » .... La longue habitude d'une existence clandestine avait développé chez Nicole ses appréhensions et l'art des stratagèmes. » (Port-Royal, IV, 429, etc....)

(1) Thèse de Le Charpentier, Préface.

(2) Port-Royal, IV, 293. On trouvera dans l'ouvrage de Sainte-Beuve la maquette d'une étude sur l'empirisme à Port-Royal. Se reporter également à la communication de M. Fosseyeux à la Société française d'Histoire de la Médecine publiée dans le Bulletin de cette association 1926, p. 45 et sq.

clus de douleurs, qui, apprenant le dernier soupir de Saint-Cyran, vint à pied à Port-Royal de Paris au logis mortuaire, aidé de ses béquilles (ce qui était déjà surprenant, remarque Sainte-Beuve) ; et qui, dès qu'il eût baisé les pieds du défunt, se sentit tout d'un coup si fortifié après cet attouchement, qu'il jeta les béquilles mêmes, et que lui, qui ne se remuait qu'à grand'peine une demi-heure auparavant, put descendre de la chambre haute sans aucune aide... Lancelot et les témoins y virent une espèce de miracle : merveilleux effet à coup sûr de la vénération fortement éprouvée ». Et il ajoutait en note, plus tard, en publiant son cours : « Si Port-Royal avait eu beaucoup de solitaires comme M. de Bascles, les convulsions auraient commencé près d'un siècle plus tôt» (1).

De même, dans le tome troisième, Sainte-Beuve s'élève contre le fameux miracle de la Ste Epine (2) : la jeune Marguerite Périer aurait été guérie, par le simple contact de la partie malade et d'une épine de la Ste Couronne, d'une fistule lacrymale.

« *Les jansénistes y virent le triomphe de leur cause : j'y vois surtout le triomphe de la faiblesse de l'esprit humain, disait Sainte-Beuve* » (3).

Et, cette fois, il ne se contentait plus de nier, il faisait

---

(1) Port-Royal, I, 477-478.

L'abbé Fuzet, par des voies différentes, conclut de la même façon en disant : « Les héros de St-Cyran et ceux du diacre Pâris sont absolûment de la même famille » (Voir Fuzet, Les Jansénistes du XVIIe et leur dernier historien, M. Sainte-Beuve, 1876, p. 8)

(2) Port-Royal, III, 173-181.

(3) Lire Port-Royal, III, 173-181-182-193. Dans ces pages plusieurs médecins dont Hamon, Patin, Dalencé sont mis en cause.

appel à ses connaissances médicales et s'efforçait d'expliquer :

« *A réduire les phénomènes mentionnés à ce qu'ils peuvent signifier en bonne médecine, en bonne pathologie, la petite Marguerite avait non pas précisément une fistule, mais une tumeur lacrymale, causée par l'obstruction du canal des larmes : quelques termes techniques sont absolument nécessaires. De plus, cette obstruction était évidemment incomplète, puisque, si l'on pressait la tumeur, une partie de ce qu'elle contenait sortait, comme cela se doit par l'orifice inférieur du canal... Rien ne prouve le moins du monde qu'il y eut carie (comme le soutenaient les partisans du miracle) ; il y avait le conduit naturel que bouchait un obstacle incomplet, et cet obstacle cédait en partie si on pressait. De tels cas sont assez simples... Il suffit que d'une manière ou d'une autre le libre écoulement des larmes se rétablisse à l'intérieur, pour que tous les désordres cessent presque à l'instant même... La sœur Flavie, en reprenant le Reliquaire, et en l'appliquant sur la tumeur, opéra, par la simple pression, le dégorgement complet du sac...* » (1)

Dans le tome IV, Sainte-Beuve rappelle encore le miracle de la Sœur Ste Suzanne. Ancien étudiant en médecine il refusait définitivement les secours des Jansénistes.

« *Ces esprits lettrés et théologiques manquent tout à fait de notions physiologiques et physiques : il est vrai qu'ils ne seraient pas d'église s'ils en avaient les premiers éléments. Ils ont beau être distingués d'ailleurs,*

(1) Loc. cit.

ils sont peuple et trois fois peuple en matière de préjugés superstitieux. » (1)

Pour résumer les différentes phases évolutives de la pensée de Sainte-Beuve vis à vis de Port-Royal, on ne peut mieux faire que reproduire, dans ce qu'elle a d'essentiel, sa propre conclusion :

« *Qu'ai-je voulu? Qu'ai-je fait? Qu'y ai-je gagné? Jeune, inquiet, malade, amoureux et curieux des fleurs les plus cachées, je voulais surtout à l'origine, en pénétrant le mystère de ces âmes pieuses, y recueillir la poésie intime et profonde qui s'en exhalait. Mais, à peine avais-je fait quelques pas, que cette poésie s'est évanouie ou a fait place à des aspects plus sévères : la religion seule s'est montrée et le Christianisme dans sa nudité.*

Cette religion, il m'a été impossible d'y entrer autrement que pour la comprendre ou pour l'exposer. J'ai plaidé pour elle devant les incrédules et les railleurs, j'ai plaidé la grâce, j'ai plaidé la pénitence ; j'en ai dit le côté élevé austèrement vénérable ou même tendrement aimable ; j'ai cherché à en mesurer les degrés... Là s'est borné mon rôle, là mon fruit.

... Vous tous hommes de bien et de vérité, quelque respect que je vous ai voué..., je n'ai pu me ranger à être des vôtres. Si vous étiez vivants..., j'irais une ou deux fois peut-être pour vous saluer et comme par devoir, et aussi pour vérifier en vous l'exactitude de mes tableaux ; mais je ne serais pas votre disciple. J'ai été

(1) Port-Royal, IV, 551.

votre biographe, je n'ose dire votre peintre, je ne suis point à vous.

Ce que je voudrais avoir fait au moins, c'est d'amener les autres à votre égard au point où je suis moi-même : concevoir l'idée de vos vertus et de vos mérites en même temps que de vos singularités, sentir vos grandeurs et vos misères, le côté sain et le côté malade, car vous aussi vous êtes malades...

J'ai eu beau faire, je n'ai été et je ne suis qu'un investigateur, un observateur sincère, attentif et scrupuleux. Et même, à mesure que j'ai avancé, le charme s'en étant allé, je n'ai plus voulu être autre chose... » (1)

*

* *

Ainsi finit la dernière métamorphose de Sainte-Beuve. Le jansénisme n'avait pas pu le retenir plus longtemps que le catholicisme ou le Saint-Simonisme. Quand il revint de Lausanne à Paris, il rapporta de son séjour en Suisse un souvenir ému ; il s'était fait là-bas d'excellents amis. Mais il y avait acquis « la désolante certitude qu'il n'était pas fait pour croire ». Cependant, il était parvenu au terme de ses hésitations. Puisque l'essai loyal de maints et maints systèmes philosophiques, littéraires, religieux, politiques, ne lui avait procuré que d'amères déceptions, il n'avait plus qu'un parti à prendre : il se réfugia dans ce scepticisme éclairé que Daunou et ses premiers maîtres lui avaient fait connaître. Le 15 janvier 1840, Werther annonçait sa guérison dans un

(1) Port-Royal, VI, 243-244.

article sur La Rochefoucauld ; il n'était plus « Jacobin, mais il était plus que jamais carabin ».

« *Cet article sur La Rochefoucauld (s'il m'est permis de le faire remarquer aujourd'hui), disait-il, indique une date et un temps, un retour décisif dans ma vie intellectuelle. Ma première jeunesse, du moment que j'avais commencé à réfléchir, avait été toute philosophique, et d'une philosophie positive en accord avec les études physiologiques et médicales auxquelles je me destinais. Mais une grave affection morale, un grand trouble de sensibilité était intervenu vers* 1829 *et avait produit une vraie déviation dans l'ordre de mes idées. Mon recueil de poésies « Les Consolations », et d'autres écrits qui suivirent, notamment « Volupté » et les premiers volumes de « Port-Royal », témoignaient assez de cette disposition inquiète et émue qui admettait une part notable de mysticisme. L'étude sur La Rochefoucauld annonce la guérison et marque la fin de cette crise, le retour à des idées plus saines dans lesquelles les années et la réflexion n'ont fait que m'affermir.* » (1).

A partir de cette date, la personnalité de Sainte-Beuve est définitivement établie ; ses idées se préciseront, mais le fond de sa pensée ne changera plus, et nous allons voir, dans les chapitres suivants, qu'il n'eut qu'à « moissonner les fruits qu'avait semés sa jeunesse inconsciente» tandis qu'il faisait ses études médicales.

Ainsi, après avoir décrit le cours de ses variations, nous retrouvons Sainte-Beuve au point précis où nous

---

(1) Portraits de Femmes, p. 321.

l'avions laissé quand il était encore à la Faculté. En réalité ses oscillations ne lui avaient pas été inutiles et lui avaient permis d'étudier de près un grand nombre d'hommes et de choses. Aussi par le double effet de son éducation scientifique et de ces expériences diverses, était-il merveilleusement armé pour construire son œuvre immense.

CHAPITRE VI

La période de production
DE 1840 A SA MORT

SOMMAIRE. — **Généralités.**

Sainte-Beuve bibliothécaire à la Mazarine ; influence qu'a sur lui la lecture des ouvrages de son prédécesseur, le docteur Naudé.

Sainte-Beuve, mondain et candidat à l'Académie.

Au retour de Liège : où il a fait son cours sur Chateaubriand (1849), loge chez le Docteur Paulin (leurs relations).

Sainte-Beuve sous l'Empire : cause de son ralliement ; « Les Lundis » et le Dr Véron, s'éloigne de l'Empire, devenu clérical sur la fin.

Dernière maladie et mort.

Les vingt-huit dernières années de la vie de Sainte-Beuve s'écoulèrent dans l'étude, sans qu'aucune grande date n'en vint rompre la monotonie. A partir de l'article sur La Rochefoucauld, renonçant à la poésie, au roman, il s'adonna à la critique littéraire.

Rédacteur à la « Revue des Deux Mondes », puis au « Moniteur », au « Constitutionnel », au « Temps », il lui fallait chaque semaine composer le feuilleton qu'exigeait la direction de ces revues ; et le Lundiste avait à peine le temps matériel d'amasser dans son cabinet de travail les innombrables volumes qu'il lisait avec la plus grande attention. On imagine difficilement le labeur vraiment surhumain auquel il s'astreignit pendant de longues années. Il ne se reposait qu'une après-midi par semaine. Non content de dépouiller les ouvrages qu'il dénichait dans les bibliothèques publiques et privées, il écrivait de tous côtés et frappait inlassablement à toutes les portes pour ne laisser passer aucun document. La mort de sa mère, qu'il chérissait, ne fut pas capable de le distraire de son travail. « *Personne ne s'avise, écrivit-il un jour à M. de Lescure, que je fais chaque semaine un tour de force, et que, tout en m'y amusant moi-même parfois tout le premier, je cours risque un beau jour de m'y casser un nerf* ». (1)

Sainte-Beuve, grâce à la robustesse de sa constitution et à son esprit méthodique (2), atteignit une fertilité que peu d'auteurs ont dépassée ; quinze volumes de Lundis, quinze autres de Nouveaux Lundis, l'étude sur Proudhon, furent composés (et l'on sait avec quel soin) en moins de vingt-neuf ans ; encore y aurait-il lieu d'y joindre de nombreux volumes de lettres et d'essais variés. D'innombrables heures furent enfin consacrées à la correction des derniers volumes de Port-Royal.

Ne convenait-il pas d'intituler ce dernier chapitre « La période de Production » ? Nous ne suivrons pas Sainte-Beuve dans l'élaboration de son œuvre. Puisque nous avons assisté à la genèse de sa personnalité morale, il

---

(1) Lettre du 30-IV-1864 : Nouvelle Correspondance p. 188.
(2) Voir Deuxième partie, chapitre I.

nous suffira de glaner, dans cette existence laborieuse, les faits qui intéressent le médecin, en marquant simplement au passage les dates essentielles.

*

* *

Sainte-Beuve s'était acquis une notoriété suffisante après son cours sur Port-Royal, pour prétendre à une situation officielle. Lorsqu'il revint à Paris, la Revue des Deux Mondes lui ouvrit ses colonnes et il en devint un rédacteur attitré. Il avait d'autre part fait la connaissance de Victor Cousin et ce dernier lui fit obtenir la place de Bibliothécaire à la Mazarine.

Nous nous contenterions d'enregistrer sans plus cette nomination, si elle n'avait été l'occasion pour Sainte-Beuve d'étudier un personnage qui semble avoir eu sur la formation de son esprit, une influence considérable et si ce personnage n'avait été encore (comme Hamon) un médecin, Gabriel Naudé.

Sainte-Beuve aimait, lorsqu'il arrivait quelque part, s'enquérir de l'histoire du lieu. Il se demanda quels hommes s'étaient assis avant lui sur son fauteuil de Bibliothécaire. Il remonta le cours des générations et il trouva le fondateur, Naudé (1600-1660). C'était un prédécesseur, c'était un sceptique, c'était un médecin, autant de raisons pour l'étudier. En fait, il fit à Naudé l'honneur d'un long feuilleton de plus de quarante pages (1) ; les écrits de ce médecin ne quittèrent plus sa bibliothèque : nous avons eu la curiosité de souligner tous les passages où Sainte-Beuve y fait allusion, nous n'en avons pas trouvé moins de vingt-sept (2).

A vrai dire, Naudé avait plutôt cotoyé la profession médicale qu'il ne l'avait embrassée : ou si l'on veut, comme Sainte-Beuve, il s'en était échappé. Guy Patin, qu'il avait connu en étudiant la philosophie, l'avait décidé à entreprendre ses études de médecine, et il avait été d'abord élève de Moreau à l'Ecole de Paris. Puis, il avait dû partir en Italie et avait enfin été reçu Docteur à l'Université de Padoue. Là se bornèrent ses titres médicaux ; pourtant, bien qu'il n'ait jamais exercé, il prit souvent la parole à la Faculté de Paris (3), où trônait son fidèle condisciple Guy Patin (3) ; il jouissait d'une pension à la cour et avait été nommé médecin honoraire de Louis XIII (4).

(1) Article du premier décembre 1843 ; quelques années avant Ch. Labitte avait déjà écrit une monographie sur Naudé dans la Revue des Deux-Mondes (15 août 36). Il avait étudié l'érudit; Sainte-Beuve déclarait qu'il voulait, lui, étudier le penseur. Cette étude est contenue dans le deuxième tome des Portraits littéraires (467-512).

(2) Portraits littéraires, article ci-dessus mentionné ; Mes poisons, 219; Lundis II, 178, 483, 248; V, 526; VII, 477; VIII, 114, 116, 118, 120, 128; XI, 250, 266, 515. Port-Royal : I, 242; II, 76, 120, 451; Portraits littéraires, II, 7 et III, 371; Portraits contemporains, II, 157, 179, 319; III, 50.

(3) Il fut en particulier plusieurs fois chargé de composer les paranymphes, discours latins d'apparat que l'on prononçait à la réception des licenciés. Naudé écrivit neuf panégyriques où il chantait entre autre la louange de Brayer et Guénaut : ils furent cités comme des chefs-d'œuvre du genre.

(4) En 1633.

Comme Sainte-Beuve, il s'était senti attiré par les livres, et, successivement bibliothécaire du Président de Mesmes, du cardinal de Bagny (nonce de France à Florence), de Richelieu ,du cardinal Barberin, de Mazarin, et pendant quelque temps de Christine de Suède, il avait passé sa vie « à travers les bouquins, couvert de poudre et de toiles d'araignées » (1).

Comme Sainte-Beuve enfin et surtout, Naudé avait été un sceptique et s'était réclamé de l'esprit scientifique : lui aussi avait trouvé « son fonds véritable dans la physiologie ». Sainte-Beuve s'était attaqué aux miracles de Port-Royal ; Gabriel Naudé s'était élevé avant lui contre toutes les superstitions populaires et contre les procès de sorcellerie, telle l'affaire de la Maréchale d'Ancre. Il avait voulu montrer que tous les faits et gestes prétendus surnaturels des individus inculpés de magie étaient explicables par les lois de la nature (2). Le fon-

(1) Voir Portraits littéraires, loc. cit. Naudé avait la passion des livres; il voyageait partout dans le seul but d'enrichir la bibliothèque dont il avait la charge ; il rapporta 40.000 volumes de ses incessantes pérégrinations dont 14.000 d'Italie. Il fut accablé de chagrin lorsque, sous la Fronde, Mazarin ayant été proscrit, le Parlement eut ordonné la vente de la bibliothèque qu'il avait constituée. Il racheta pour 3.500 livres tous les ouvrages de médecine. Notons au passage que des livres, il n'appréciait que le contenu, l'utilité; peu lui importait l'édition, etc... Il fut érudit, non bibliophile.

(2) Voir les deux ouvrages de Naudé : 1° Instruction à la France sur la vérité de l'histoire des Frères de la Rose-Croix, où il met en garde le public contre les guérisons miraculeuses que promet cette secte d'illuminés; « C'était son grand plaisir, dit Sainte-Beuve, de découvrir l'absurdité et la fausseté de ces superstitions populaires ». (Publié en 1623).

2° Apologie pour les grands personnages inculpés de magie

dateur de la Mazarine et son bibliothécaire de 1840 se rencontraient et combattaient pour la même cause.

Ils se rencontraient aussi sur le terrain purement philosophique. Naudé était « le scepticisme fait homme » (1). Pour Sainte-Beuve, il l'était par prédestination: « *Né en un siècle de contradictions, où l'astronomie n'était pas encore séparée de l'astrologie, où la magie était encore acceptée dans le monde savant,* « *il n'était qu'un parti pour les esprits rassis, judicieux critiques, et ce parti était le doute* » (2). *Naudé, nous dit Sainte-Beuve, suivait l'axiome des jurisconsultes :* « *Ce qui ne tombe pas immédiatement sous les sens ou ne peut s'en déduire avec précision, est absolument pour nous comme n'existant pas* » (3).

Ces idées étaient tout un programme pour Sainte-Beuve revenu de ses douloureuses déceptions : Etre, comme lui, « un sage qui a vu le dessous des cartes, un de ces esprits déniaisés et guéris du sot, et qui savent bien la vérité » (4) ; devenir le disciple de cet honnête homme « qui mêlait des pensées assez libres à des études innocentes » (5), tel était l'idéal auquel il voulait se confiner. Tout examiner, douter de tout en tant que vérité absolue, s'affranchir des illusions de la gloire, étaient

(1625), « livre utile et courageux en ce temps d'épidémie de sorcellerie qui va du procès de la Maréchale d'Ancre à celui d'Urbain Grandier.... » Malheureusement le livre est d'une lecture pénible.

(1) Raynaud : les Médecins au temps de Molière, p. 122.

(2) Portraits littéraires, loc. cit.

(3) Portraits contemporains, III, 50.

(4) Lundis, II, 483.

(5) Lundis, VII, 477.

les maximes communes à ces deux hommes que séparaient plus de deux siècles.

« *J'ai sous les yeux deux sortes d'objets, écrivait alors Sainte-Beuve à la Mazarine, qui me font continuellement l'effet d'un memento mori : cette multitude de livres morts et qu'on ne lit plus, vrai cimetière qui nous attend; et cet énorme globe terrestre où l'Europe et la France font une mine si chétive en regard de ces immenses espaces de l'Afrique et de l'Asie, et de toute cette immense étendue d'eau qui couvre presque tout un hémisphère. De mon fauteuil je vois tout cela et je tourne une page de plus de mon Gabriel Naudé.* » (1)

*
* *

Bien qu'il eut constamment devant lui le spectacle de ce « memento mori », Sainte-Beuve ne songeait pas à abdiquer. Sa curiosité s'était dépouillée du désir de se forger une croyance, mais elle n'avait pas diminué. Il s'était immiscé dans bien des milieux : les cénacles littéraires, l'Ecole doctrinaire, les sectes religieuses et politiques les plus variées n'avaient point échappé à son investigation. Il résolut de se pousser dans les Salons fermés de l'aristocratie et de la haute bourgeoisie qui ne l'avaient pas encore accueilli, et traversa entre 1840 et 1848 ce que Choisy a appelé une « crise de mondanité » (2). Il acceptait alors toutes les invitations: « Je vais où on m'invite, n'importe où ...», écrivait-il aux

(1) Mes Poisons, p. 219 (écrit en 1841).
(2) Choisy, Sainte-Beuve, p. 195.

Olivier (1). On le rencontrait à la fois à l'Abbaye aux Bois auprès de Madame Récamier, chez la Comtesse de Boigne, dans le salon de Madame d'Arbouville où il prenait figure d'amoureux, chez Madame de Broglie. Il passa un été chez le Comte de Molé.

Son attitude ne changea point :

« *Je vais assez dans le monde et j'observe* », *avouait-il à Just Olivier* » (2). *Il observait les visages et les âmes, parfois il* « *passait ses journées à rêver* », *nous dit Alfred Choisy* (3).

Observateur il avait été auprès de Lamennais, observateur il restait aux pieds de Mme d'Agoult, de Mme de Récamier, de Mme d'Arbouville. Mais l'observateur avait gagné en finesse et les « Portraits de Femmes », qu'il faut rattacher à cette période, se ressentent de la politesse exquise des Salons.

En outre, Sainte-Beuve mondain, tout en sacrifiant à sa curiosité, n'oubliait pas de se ménager des appuis solides, et d'assurer, en se rapprochant de ses anciens adversaires, son élection prochaine à l'Académie française. Les chroniques qu'il publiait dans la Revue des Deux Mondes et qui furent plus tard réunies sous le titre des « Portraits littéraires », trahissent le dessein de respecter les susceptibilités les plus ombrageuses. Cette neutralité bienveillante lui était d'ailleurs fort pénible et il chercha bientôt un endroit où il put écouler plus librement sa bile ; il le trouva en Suisse, grâce à ses amis Olivier, et formula des jugements sans amé-

(1) Correspondance avec Olivier, p. 227.
(2) Ibidem, p. 224.
(3) Choisy, loc. cit.

nité, sous le couvert de l'anonymat, dans les pages de la « Revue Suisse ». Nous conseillons la lecture de ces jugements (publiés dans le volume intitulé « Chroniques Parisiennes »). Rien n'est plus instructif, pour la connaissance morale de l'auteur, que la comparaison du Sainte-Beuve de Paris et de Lausanne (1). Loin de nous la pensée d'absoudre Sainte-Beuve. Nous n'avons pas à le juger ; nous voulons montrer seulement combien il lui était difficile de taire son opinion.

Après maintes intrigues, qui ne furent pas à son honneur, il franchit, en 1844, les portes de l'Académie. Le disciple de Naudé ne s'était donc pas tout à fait libéré de l'ambition. Il le reconnut lui-même plus tard :

« *L'ambition ne m'est pas naturelle ; je me la suis inoculée à propos de ma candidature académique. J'en éprouve assez pour la comprendre et la sentir en abrégé. Je ne l'ai pas à l'état de petite vérole, je l'ai à l'état de vaccine, je n'en resterai pas gravé.* » (2)

Sainte-Beuve ne se flattait pas et ne fut pas, en propre, un ambitieux.

*

* *

Aux alentours de la Révolution de 1848, à la suite d'évènements dans le détail desquels il ne nous appartient pas d'entrer, Sainte-Beuve quitta Paris pour Liège, où il prononça son cours sur Chateaubriand et son groupe littéraire. Il fut si mal reçu par ses hôtes étran-

(1) Voir notamment le compte-rendu que donne Sainte-Beuve de sa propre réception à l'Académie Française.

(2) Mes Poisons, p. 154.

gers, qu'il envisagea bientôt son retour à Paris. Mais sa démission de bibliothécaire à la Mazarine (1), envoyée au ministre sur un mouvement d'humeur, le laissait désemparé : Que faire, où se loger ?

Il n'hésita pas et s'en fut frapper à la porte de l'un de ses meilleurs amis, le Docteur Paulin. Ce dernier lui offrit généreusement l'hospitalité et Sainte-Beuve vécut sous son toit pendant près de deux ans. Rappelons en quelques mots la physionomie de ce médecin.

Armand Paulin était né à Paris en pleine tourmente révolutionnaire, l'année 1792 : il appartenait, ainsi que le remarque Sainte-Beuve, « à cette génération qui a produit des hommes supérieurs et distingués en tout genre » (2). Il n'avait point songé d'abord à la médecine, et, au rebours de Sainte-Beuve, n'y était entré qu'après coup. Ses maîtres et ses aspirations premières l'avaient poussé vers l'enseignement. A 18 ans, il avait été reçu à l'Ecole Normale de Paris et fait ainsi partie de la Première promotion de 1810 inscrit à la section des sciences (3). A la sortie de l'Ecole, il avait été nommé professeur de physique au lycée de Metz, où il avait résidé plusieurs années.

Nul n'aurait alors deviné qu'il abandonnerait un jour des fonctions qui le passionnaient. Le jeune maître réussissait à merveille et avait conquis par son talent d'éducateur l'estime de ses concitoyens. Le bonheur lui avait

(1) A la suite de l'incident ridicule que l'on connaît : une cheminée qui fumait.

(2) Nouveaux Lundis, appendice, tome VI.

(3) Voir cette liste dans « Le centenaire de l'Ecole Normale Supérieure publié en 1895.

souri : il avait gagné le cœur d'une jeune personne d'une naissance supérieure à la sienne, et qui, malgré sa famille, lui avait donné sa main. Partisan enthousiaste de Bonaparte, puis de Napoléon, il suivait la marche triomphale des armées impériales, lorsque les évènements de 1814 lui apportèrent une cruelle déception. De nombreux soldats, décimés par le typhus exanthématique, s'étaient réfugiés à Metz. Paulin n'avait pas cru servir suffisamment sa patrie en restant à son poste du lycée, et, bravant ses supérieurs administratifs, il s'était spontanément exposé au chevet des contagieux. Son dévouement avait transformé en une immense popularité la notoriété qu'il s'était acquise dans la cité Messine.

Lorsque, en 1815, Louis XVIII eut repris en main le sceptre de la monarchie déchue, Paulin, homme de la Révolution et de l'Empire, avait jugé qu'il lui était impossible de rester à la solde d'un gouvernement dont les principes heurtaient si brutalement ses opinions politiques. Il avait immédiatement démissionné et repris sa liberté.

C'est alors qu'il s'était tourné « vers une profession indépendante et vers celle qui permettait le mieux les aspirations humaines » qui faisaient le fond de sa nature : il se fit médecin ». Il était revenu à Paris et y avait accompli rapidement ses études médicales. Il y avait soutenu en 1820 une thèse (1) qui s'était signalée

(1) Thèse intitulée : « Propositions relatives à quelques points de physiologie, de pathologie et de thérapeutique », Didot jeune, in-4° de 27 p., 1820.

Jury : Pinel président, Chaussier, Desyeux, Dubois, Lallemand (qui était un de ses amis), Moreau assesseurs.

par les titres que le jeune Docteur avait pu ajouter à sa signature : « Licencié ès-sciences, bachelier ès-lettres, ancien élève de l'Ecole Normale, ex-professeur de sciences physiques au lycée de Metz ». Paulin avait dès lors essayé d'oublier son désappointement patriotique en exerçant son sacerdoce au profit des pauvres. Et depuis il s'appliquait à soulager les misères que lui signalaient ses amis.

La Révolution de Quarante-huit, entraînant la chute de la Royauté, lui permettait, lorsque Sainte-Beuve vint loger chez lui, de nouveaux espoirs qui se réalisèrent dans la suite : il eut plus tard le bonheur de recevoir, des mains mêmes de Napoléon III, la Croix de la Légion d'Honneur qu'il méritait à tant de titres. Enfin, il lui fut donné de rentrer à nouveau dans cette Ecole Normale qu'il n'avait pas oubliée (1) : il en fut le médecin pendant 9 ans. Peut-être aurait-il retrouvé, dans ses dernières années, la félicité qu'il avait goûtée sous l'Empire, si la mort prématurée de sa femme ne l'avait plongé dans un désespoir inconsolable.

Tel était le médecin chez lequel Sainte-Beuve s'établit en septembre 1849 (2). Les deux amis firent excellent ménage. « Ma mère et le Docteur vont bien », écrivait le critique à l'un de ses correspondants (3), et il parlait ailleurs de « notre excellent ami Paulin » (4). Il ne le

(1) Centenaire de l'Ecole Normale, volume cité plus haut.

(2) Voir le Sainte-Beuve de Séché I, p. 281 et 282 en note. L'auteur s'est documenté sur ces années de la vie de Sainte-Beuve grâce à l'obligeance de M. Egger, professeur à Henry IV, dont le grand-père était lié avec Sainte-Beuve.

(3) Lettre du 28, II, 51. Correspondance I, 172.

(4) Ibidem 233.

quitta qu'à regret, après la mort de sa mère (1), pour habiter la maison que celle-ci avait fait bâtir pour elle rue Montparnasse :

«... *Il faut tout cela, disait-il, (la mort de sa mère et cet héritage) pour que je me sépare de mon excellent ami le Docteur, avec qui je fais si bon ménage depuis près de deux ans...* » (2)

Sainte-Beuve, dans la promiscuité de la vie commune, n'avait pas manqué d'apprécier « la figure originale et la nature avant tout sympathique de l'homme ». Il l'aimait « pour ses qualités, pour ses vivacités, pour ses défauts mêmes, nés d'un surcroît du corps ». Paulin, en effet, était un de ces caractères entiers, tout d'une pièce, qui s'impatientent et s'enflamment à la moindre contradiction. Il avait organisé sa vie conformément à ses principes et n'admettait guère qu'on les discute. Bien qu'il ait rarement observé une attitude aussi ferme, Sainte-Beuve n'admirait rien plus que cette fidélité farouche.

Il n'estimait pas moins le médecin. Jamais il n'eut

(1) Sa mère mourut le 17 novembre 1850. Rappelons les lignes par lesquelles Sainte-Beuve décrivit la mort de sa mère: «.... Bien que prévue à son âge sa mort a été pour moi, un coup inattendu tant elle a été prompte. Elle allait aussi bien que son grand âge le permettait, sa tête n'était pas affaiblie ; elle n'éprouvait que des douleurs de rhumatisme, de goutte. Elle avait éprouvé la veille, une syncope avec douleur à la région du cœur : cette douleur avait cédé aux remèdes ; elle était presque remise, et je la quittais gaie et riante, à six heures et demie. Une demie heure après, la douleur revenait plus vive, et suspendit en un clin d'œil la circulation et la vie ». Probablement cardiopathie sénile. Lundis VII 436.

(2) Lettre à Egger citée par Séché.

recours à ses soins, mais il ne lui ménagea pas les éloges. « On s'accordait, dit-il, à reconnaître dans Armand Paulin (et les maîtres de l'art qui furent presque tous ses amis ne me démentiront pas) un diagnostic prompt, fin et sûr, un tact médical qui est le premier talent du praticien ». Paulin fut en effet un praticien et non un savant ; il n'écrivit pas et « s'adonna tout entier à guérir ».

Tout en étant fort occupé par sa clientèle, Paulin trouvait le temps de réunir chez lui une élite cultivée que retenait le charme et l'intelligence délicate de sa femme. Sainte-Beuve assistait à ces réunions où il eut la bonne fortune de rencontrer parmi bien d'autres : Andral, Lallemand et Littré. Au cours de ces brillantes assemblées, le critique disparaissait et Sainte-Beuve redevenait Joseph Delorme.

Disons, tout de suite, que Sainte-Beuve resta un ami fidèle de Paulin. Une attaque « d'apoplexie pulmonaire », survenue le 7 septembre 1857, le ravit à son affection. Le convoi fut suivi par un grand nombre de médecins et de membres de l'Université. Sainte-Beuve, en une brève allocution, lui adressa un dernier adieu. Ces quelques phrases, qui traduisaient tout simplement la pensée de l'orateur et de l'ami, sans forcer la louange, mais sur un ton ému, furent reproduites dans le « Moniteur ». Un chroniqueur mal intentionné voulut voir dans la modération de Sainte-Beuve et dans de petites restrictions qu'il avait introduites sur les « vivacités » de Paulin, une arrière pensée de l'orateur : C'était d'un bien mauvais juge. Sainte-Beuve releva le gant et remit les choses au point, comme il se devait :

« *Jamais un discours ne fut moins de rhétorique ni d'Académie que celui-là. C'est un témoignage du cœur qui m'est sorti des lèvres.* » (1)

*

* *

Avant la Révolution de Quarante-huit, Sainte-Beuve avait ardemment souhaité la chute de la Royauté. Mais il détestait les révolutions, qui le troublaient dans ses travaux : ne l'avons-nous pas vu fuir à Liège au moment des journées de Février ? A son retour, il s'était rallié à la présidence de Louis-Napoléon-Bonaparte, puis à l'Empire. Il avait défini nettement sa position dans son fameux article intitulé « Les Regrets », en rompant ouvertement avec l'ancien parti libéral. Le coup d'Etat fut accepté par lui comme « une mesure de police un peu rude », sans qu'il s'en formalisât.

Comment expliquer cette volte-face (2) ? Sainte-Beuve, désabusé, sceptique, n'avait qu'un désir : jouir tranquillement du fruit de son travail. Seul un régime d'autorité était capable de lui assurer la tranquillité ; et l'Empire, en satisfaisant les derniers vestiges de sa foi révolutionnaire, lui sembla le plus acceptable. Il ne s'y rallia pas d'enthousiasme, mais il s'en accommoda par raison. Il s'efforça d'en obtenir tous les avantages compatibles avec sa dignité d'homme et d'écrivain : Il accepta en 1853 la Croix de la Légion d'Honneur qu'il avait refusée deux fois sous la Monarchie de Juillet et fut nommé, quelque temps après, professeur de poésie

(1) Nouveaux Lundis VI, 454 et seq.
(2) Voir Séché, tome I, p. 273 et seq.

latine au Collège de France (1), puis enfin sénateur (2).

En rentrant à Paris, il avait retrouvé le Docteur Véron qu'il avait connu interne à St-Louis. A vrai dire, Sainte-Beuve ne sympathisait guère avec cet ancien condisciple qu'il ne se privait pas de fustiger dans les coulisses. « C'est une manière de financier artistique et littéraire », écrivit-il dans la Revue Suisse (3); et, lorsque Véron fut mort, il envoyait cette épitaphe à la Princesse :

« *Il tenait plus de place qu'il ne fera de vide* » ! (4)

Il lui refusait tout talent d'écrivain :

« *J'accorderai certes à Véron, disait-il en note d'un lundi, en bien des points tout ce qu'il voudra : d'être un homme d'esprit (c'est bien juste), même d'être un homme de goût ; d'être un amphytrion modèle ; un imprésario habile, un directeur de théâtre ou de journal comme il n'y en a pas ; d'être... quoi encore ? cherchez ; j'y consens d'avance... d'être un excellent conseil pour ce qu'écrivent les autres, de leur donner des avis et même des idées. Mais il y a une chose que je ne lui délivrerai jamais, c'est un brevet d'écrivain pour lui et à son compte.* » (5)

(1) En 1855.

(2) En 1865. C'est à cette occasion que des étudiants en médecine Boulonnais vinrent le féliciter.

(3) Consulter « Chroniques Parisiennes » à l'article Véron, p. 199.

(4) Lettres à la Princesse, p. 303.

(5) Lundis IX, 529. Sainte-Beuve n'eut jamais avec lui que des rapports d'affaires. Il allait dîner chez lui la veille de la publication de son article pour le lui lire. (Chronique Médicale article de Lacaussade 1896, p. 397) Levallois pendant tout son secrétariat ne le vit qu'une seule fois, rue Montparnasse. (Chronique Médicale 1896, article de Levallois p. 400). Au point de vue littéraire ; ils s'entendirent assez bien avec le critique et ne se chamaillèrent qu'une fois à propos d'un article sur Pline le jeune.

En réalité, la physionomie du Docteur n'était rien moins que sympathique. Ce médecin — qui en fait de médecine connaissait surtout la pâte Regnault, suivant le mot malicieux de Séché — était avant tout un homme d'affaire, sorte de « Mirès littéraire et artistique » qui avait un pied dans tous les mondes et spéculait aussi bien dans le théâtre ou la littérature, qu'à la Bourse ou dans les spécialités pharmaceutiques. C'était une puissance avec laquelle il fallait compter. Il recevait, dans sa somptueuse résidence d'Auteuil, pompeusement baptisée « La Tuilerie », la fine fleur du journalisme, du barreau, de la médecine et des Arts. Il dirigea successivement le « Constitutionnel », puis le « Moniteur » (1).

Il offrit à Sainte-Beuve de publier dans son Journal, tous les lundis, un article de critique littéraire. Sainte-Beuve accepta, il en sortit « les Lundis ».

Vis à vis de Véron comme de l'Empire, Sainte-Beuve sut toujours conserver son indépendance. A la fin, il passa même dans les rangs de l'opposition. La réaction cléricale en fut le motif, et nous rappellerons sa courageuse attitude lors des incidents de l'Ecole de Médecine, en 1868. Le parti clérical, qu'avait surexcité les nominations de Broca, protestant, à la chaire de Pathologie externe, de Ch. Robin, libre-penseur notoire, d'Axenfeld, de la religion grecque, à la chaire de Pathologie interne, de Sée, israélite, à celle de Thérapeutique, avait organisé une pétition où l'on reprochait à Broca d'avoir fait l'apologie de la doctrine de Malthus, à X..., médecin de la Salpétrière, d'avoir plaisanté une pauvre

(1) Séché, I, 284-287.

femme d'avoir au cou une médaille bénite, à Sée, d'avoir donné « une définition hérétique » de la fièvre, où l'on dénonçait les tendances matérialistes de l'Université. Sainte-Beuve, isolé dans l'hostilité unanime du Sénat, prononça du haut de la tribune, le 19 mai, un long discours sur la liberté de l'enseignement, et défendit en termes vigoureux l'indépendance de la Faculté (1) :

« *J'ai eu l'honneur d'être autrefois un élève de cette Faculté de Médecine si attaquée en ce moment dans la personne de ses plus excellents maîtres. C'est à elle que je dois l'esprit de philosophie, l'amour de l'exactitude et de la réalité physiologique, le peu de bonne méthode qui a pu passer dans mes écrits mêmes littéraires. C'est bien le moins que je vienne prendre témoignage pour elle et la défendre aujourd'hui* ». « *N'est-ce pas d'un haut comique, disait-il en substance, faisant allusion à l'accusation gouvernementale, de distinguer une définition catholique et hérétique de la fièvre ? Ah ! Messieurs, prenons garde de revenir à des siècles en arrière, quand le Parlement rendait des arrêts contre l'antimoine ou l'émétique* » .... « *Je maintiens de toute la force de la consciénce scientifique, ajoutait-il, que, dans l'enseignement de la physiologie comme des autres sciences, les faits résultant de l'observation et de l'expérience doivent être acceptés quels qu'ils soient.* »

On avait aussi imputé un jeune Docteur de tendances matérialistes à la suite de sa thèse qu'il venait de passer sur « les signes de la folie ». Sainte-Beuve prit en mains sa défense. Il accusa le Sénat d'incompétence et osa

---

(1) Voir Premiers Lundis, tome III, p. 281 et seq

lancer à la figure de l'assemblée houleuse cette apostrophe ardente :

« *Un danger en ce moment nous menace, et une grande partie de la France est inquiète. Elle l'est de l'attitude agressive et envahissante qu'a prise, depuis quelque temps, et avec un redoublement d'audace, le parti clérical.* » (1)

*
* *

Ce discours antigouvernemental, sur le fonds duquel nous n'avons pas à nous prononcer, vaut bien à son auteur quelque admiration. D'autant plus que l'orateur était exténué par la longue et douloureuse maladie qui devait l'emporter. Depuis l'année 1866, il souffrait d'une lithiase vésicale, qui fut le sujet de nombreuses erreurs de diagnostic. Le 31 janvier 1867, il écrivait déjà :

« *J'ai depuis deux mois une grave infirmité persistante (une rétention absolue). Ces choses là viennent rarement seules, et, quoique nous ayons triomphé des premières complications, je me méfie toujours.* » (2)

Il lui devint bientôt impossible de prendre une voiture: les cahots déclanchaient d'horribles douleurs (3) qu'augmentait encore sa sensibilité exquise ; il avait le courage, plutôt que la force, d'aller à l'Institut à pied :

---

(1) Voir Premiers Lundis, III, 281 et seq.
(2) In Sainte-Beuve par Levallois, p. 219.
(3) Lettres à la Princesse 293. Nouvelle Correspondance 280, 285, etc.

« *Ne pouvant supporter la voiture, je ne vais que là où mes jambes me portent ...* »

Les choses évoluèrent lentement, avec de nombreuses accalmies. Sainte-Beuve eut même encore, nous dit un de ses secrétaires indiscret, un galant rendez-vous en 1868 (1).

Les nombreux médecins qu'il comptait parmi ses amis s'empressèrent à son chevet. Au premier rang était le Docteur Veyne, ami intime du Maître (2). Il diagnostiqua « avec son coup d'œil Hippocratique » la maladie de la pierre. Sainte-Beuve avait adopté aussi ce diagnostic (3). Mais Veyne voulut demander l'avis d'un de ses collègues. Il s'adressa au Docteur Gérard Piogey (4), un autre ami de Sainte-Beuve qu'avait introduit Jules Troubat. Piogey pencha pour une hypertrophie prostatique (5). Sainte-Beuve, peut-être devant ces divergences, pria son ami Ricord (6) de l'examiner puisque, le 12 janvier 1866, il envoyait à Piogey la lettre suivante :

« *Je ne puis me le dissimuler, cela augmente. Je m'en suis aperçu dimanche dernier. Le soir, je me suis décidé à écrire à mon ami Ricord pour avoir son avis. Il est venu lundi matin, m'a fort examiné, a approuvé ce que*

---

(1) Lacassagne, La verte vieillesse, p. 335 et Troubat, Souvenirs 359.

(2) Voir Chronique médicale août-septembre 1927 (Article personnel sur Veyne.

(3) Sainte-Beuve par Choisy, p. 279.

(4) Voir au paragraphe Relations médicales, IIe partie Chapitre II.

(5) Tout le monde voulut dire son mot ; jusqu'à Th. Gautier que Sainte-Beuve appelait Théo-Appolo qui prescrivit des bains froids (Nouvelle Correspondance, 287).

(6) Voir deuxième partie ibidem.

vous m'aviez dit de faire et surtout de ne pas faire ; il a paru cependant admettre le cas où il y aurait à agir. Je m'abstiens de tout, je sors peu et je m'observe. » (1)

Le 13 janvier, une consultation entre Piogey et Ricord (2) aboutit à l'incision, dans le même mois, « d'un œdème qui n'était peut-être, dit Troubat, qu'un des symptômes de la maladie de la pierre dont il mourut ». Sainte-Beuve avait en Ricord la plus grande confiance:

« *Nul chirurgien n'est meilleur que celui que j'ai choisi, confiait-il à la Princesse* » (3)

En mai 1867, Ricord malade, dépêcha auprès de lui son élève Philipps (4). Et Sainte-Beuve fut à tel point satisfait des soins de ce dernier, qu'il conserva dans la suite les deux chirurgiens. Il parla toujours désormais du « bon docteur Philipps » (5). Ricord, Philipps et Piogey tenaient pour une hypertrophie de la prostate. La mort de Sainte-Beuve survenue dans l'infection, le 13 octobre 1869, à la suite d'un cathétérisme malheureux pratiqué par Ricord, infirma leur diagnostic. Piogey et Veyne, aidés par l'interne de Gosselin, Tilloy, et par son externe M. le Professeur Pinard (6), trouvèrent à l'autopsie des calculs dans la vessie. Sainte-Beuve et Veyne avaient eu raison.

---

(1) Correspondance, II, 52.

(2) Ibidem, 69-70.

(3) Lettres à la Princesse, 259.

(4) Voir Relations médicales. (Chapitre II. Deuxième partie.)

(5) Lettres à la Princesse, 296-323.

(6) Voir controverse à ce sujet dans la Chronique Médicale, 1899-1900-1903. Nélaton n'opéra jamais Sainte-Beuve comme on le dit. Sainte-Beuve penchait, avons-nous dit pour une lithiase. Il abandonna bientôt son idée primitive : à savoir qu'il était atteint d'un cancer. (§ Correspondance, II, 171).

Au terme de notre étude biographique, nous sommes capable de nous représenter quelle fut, dans ses grandes lignes, l'éducation médicale de Sainte-Beuve. Deux écueils étaient à éviter. Le premier, nous sommes sûrs de l'avoir contourné ; nous avons suffisamment insisté sur les travaux de l'étudiant Sainte-Beuve, pour ne pas encourir le reproche de mésestimer cette éducation. Un danger nous menaçait bien plus directement : ç'eût été un grave contre-sens que de forcer la note et d'exagérer l'importance de ses études scientifiques : Médecin, nous y étions naturellement porté. Nous avons tout fait pour parer à ce péril, nous n'avons jamais quitté le document. Nous n'avons cherché nos matériaux que dans les œuvres mêmes du critique ou dans des pièces dont l'authenticité ne semble pas discutable.

Quitte à élargir notablement notre sujet, nous n'avons pas hésité à situer nettement Sainte-Beuve dans le milieu médical de son temps ; cette mise au point, dont la nécessité n'échappera pas, nous permettra de comprendre quelles qualités devait développer chez le critique son initiation physiologique. Nous l'avons vu au cours des chapitres précédents (et c'est en somme la conclusion qui se dégage de la première partie de notre présente thèse) aux prises avec les situations morales, politiques, sociales, les plus opposées Quelle a été son attitude ? Toujours identique : il fut toujours et avant tout *observateur*. Or, la Faculté de Médecine en 1825 s'ingéniait à aiguiser chez l'étudiant les qualités d'observation.

Tel est l'enseignement qui se dégage dès maintenant

des pages précédentes. Mais, avons-nous dit, la médecine exerce, sur la formation de la personnalité, un bouleversement infiniment vaste et retentit sur tous les domaines. La personnalité de Sainte-Beuve en a-t-elle reçu le contre-coup ? Nous pouvons le supposer, connaissant ses origines. Il sera mieux encore, fidèle au plan que nous nous imposons, de chercher, toujours dans ses œuvres et dans les documents les plus directs, les plus vivants, le reflet non caché de cette orientation.

DEUXIÈME PARTIE

Retentissement de l'éducation médicale sur la formation de son esprit.

CHAPITRE I

Retentissement de son éducation médicale sur sa vie pratique.

SOMMAIRE. — **Importance de l'hygiène d'un écrivain aux yeux de Sainte-Beuve :** Doué d'une constitution solide mais maladive, il dut s'astreindre à une hygiène stricte (quelques mots sur ses maladies).

Quelques mots sur son hygiène — la fin d'une légende — que penser des excès alimentaires et génitaux de Sainte-Beuve.

Ses méthodes de travail.

Résultat : le « rendement de Sainte-Beuve. »

« *Donnez-moi l'hygiène d'un poète, a dit quelque part Sainte-Beuve, et je vous dirai le ton général, la qualité saine ou maladive de ses œuvres. Il y a un beau mot de M. de Bonald : « Une vie déréglée aiguise l'esprit et fausse le jugement.* » (1)

Or la critique littéraire exigeait qu'il eût un jugement non faussé. D'autre part, Sainte-Beuve demandait à son

(1) Portraits Contemporains, III, 258. Aussi signale-t-il, par exemple, l'hygiène de Boileau (Lundis, IV, 494), qui se levait tard, ne haïssait pas le vin de Champagne qui donne de l'esprit, la bonne chère, les plaisirs du monde ; de Lamennais, qui se livrait souvent à son sport favori : la natation, etc...

cerveau un travail ininterrompu ; il ne s'accordait guère de repos. Comment put-il, pendant des années, résister à un surmenage si continu ? On a invoqué la robustesse de sa constitution : il était en effet résistant. Mais on verra cependant qu'il ne fut point épargné par les maladies. Il était persuadé « que le moral se ramenait au physique » (1) et ses études scientifiques lui avaient appris certaines règles d'hygiène dont il s'inspira dans la vie courante. Il en conserva des habitudes méthodiques ; il se considérait un peu comme l'homme-machine, et, ménageant scientifiquement la « machine », il obtint, avec des moyens ordinaires, un rendement prodigieux.

*
* *

Il n'entre pas dans le cadre de notre ouvrage de retracer l'histoire pathologique de Sainte-Beuve. Mais nous croyons indispensable de donner au lecteur quelque aperçu sur sa constitution physique.

Il eut à lutter toute sa vie contre une série de petites misères qui, sans mettre ses jours en péril, le gênaient considérablement dans l'exercice de sa profession. Le Docteur Voizard les explique par son héré-

---

(1) Lettre au prince Napoléon. Nouvelle Correspondance, 198.

« Quoi qu'en puisse dire la physiologie, écrivait Sainte-Beuve malade, à Viollet le Duc, il n'y a pas loin de la prostate au cerveau ». (Lettres inédites de Viollet le Duc, Paris, 1902).

dité arthritique (1). Sans nous lancer dans de longues discussions pathogéniques, il nous suffira d'ouvrir au hasard les volumes de correspondance du critique.

Dès 1833, nous lisons que Sainte-Beuve a déjà « des jours de souffrance qui le font rester coi et farouche » (2), qu'il serait nécessaire qu'il prît une quinzaine de jours de vacances (3). Il n'a pourtant pas encore trente ans.

Quelques mois après, le voilà qui s'alarme : il prend de l'embonpoint (4).

Puis, tandis qu'il prononce son cours sur Port-Royal à Lausanne, nouvelle difficulté : il se « fatigue de parler » (5).

A peine est-il soulagé de ses tourments d'orateur et a-t-il regagné Paris, qu'il se plaint de ses yeux (6). Désormais, il s'excusera fort souvent, dans ses billets, de son écriture illisible (7). En 1864, il signale à la Princesse Mathilde « un mal d'yeux et un commencement d'ophtalmie qui lui est venu depuis deux jours » (8),

---

(1) Thèse citée, p. 34 à 38.

(2) Lettre à Me Carlier, du 10-X-1833. Nouvelle Correspondance, 3.

(3) Ibidem, 22.

(4) « Ma mère vous fait mille remerciements, et elle m'a trouvé très engraissé, ce qui a été en arrivant ici, mon premier petit chagrin ». Nouvelle Correspondance, 25.

(5) Je vais toujours piochant, fatigué, mais seulement de parler et souffrant des poumons ; je me ménage pourtant fort ». Lettres à Collombet », 199. Et, dans une lettre de 1852, à Fortoul : « Je ne suis pas né pour la parole publique, j'ai pu m'y plier en deux circonstances, mais mes nerfs en crient encore », Nouvelle Correspondance, 138.

(6) Nouvelle Correspondance, 75.

(7) Correspondance avec Ollivier, p. 124.

(8) Lettres à la Princesse, 89.

mais qui, en réalité, couve depuis près de vingt ans. Cela empire, il doit porter lunettes. « Je suis bien malade des yeux et, si cela dure, je serais contraint de me constituer malade, car la souffrance aiguë s'en mêle à une certaine heure. Je resterai dimanche tant que je ne serai pas forcé d'arborer devant tout ce monde élégant mes lunettes d'aveugle. Il n'y a que le petit comité qui me les permette... » (1) Les jours suivants, il écrit qu' « il a toujours les yeux bien brûlés et qui lui piquent » (2) ; qu'il a une « certaine irritation d'yeux et de paupières qui fait qu'il n'existe pas le soir » (3). Ses pauvres yeux lui laissent quelque repos vers la fin de l'automne 1864. Mais une grave rechute quatre ans plus tard le décide à aller consulter l'oracle qu'incarnait alors le célèbre oculiste Liebreich (4).

Sainte-Beuve ne fut pas moins incommodé par de vives douleurs qui, à plusieurs reprises, immobilisèrent son bras droit. La première crise survint en janvier 1849: « Je vous écrirais mieux, écrit-il à Collombet, si un mal au bras droit (rhumatisme ou autre cause) ne me gênait et ne me donnait une grande difficulté de tenir la plume » (5). Il demeure « manchot » (6) plusieurs mois, donnant de ses douleurs des interprétations variées : Une fois, il parle de « son bras droit malade d'une crampe nerveuse » (7), ou explique que « l'année très labo-

(1) Ibidem, 92.
(2) Ibidem, 94.
(3) Ibidem, 121.
(4) Troubat, Souvenirs, 318.
(5) Lettres à Collombet, 240.
(6) Ibidem, 242.
(7) Nouvelle Correspondance, 116.

rieuse, qu'il vient de traverser, lui a laissé un mal nerveux qui lui permet difficilement d'écrire » (1). Un autre jour, il dit qu'il « a la goutte au doigt où l'on écrit, et que son bras prend vite la crampe » (2). Décidément, il penche pour la goutte, puisqu'en 1863, il écrit « qu'il croit qu'il devient goutteux » (3). Tant et si bien que, renonçant à guérir ce « bête de mal de doigt » (4), il prend le parti de dicter (5).

Il souffrait aussi fréquemment de céphalées, de douleurs lombaires (6) ; quand il ne souffrait pas de son bras, il avait quelquefois des « accès de goutte dans les jambes » (7). Il se plaignait souvent de mauvaises nuits » (8).

Il se rendait parfaitement compte que ces troubles étaient aggravés par la sédentarité de sa vie : il aurait bien voulu pouvoir prendre un repos mérité. « Je vous envie de pouvoir vous déplacer quand le cœur vous le dit ou que la santé le sollicite. Ma chaîne ici n'est pas très lourde, mais elle est courte, c'est une manière de m'avertir que c'est une chaîne » (9). Il voudrait toujours accepter les invitations de ses bons amis Suisses et aller retrouver le lac de Genève... (10) Mais il fallait qu'il reste à Paris.

---

(1) Ibidem, 119.
(2) Sainte-Beuve, par Levallois, 240.
(3) Lettres à la Princesse, 34.
(4) Nouvelle Correspondance, 158, et Levallois, op. cit., 244.
(5) Nouvelle Correspondance, 160.
(6) Lettres à la Princesse, 52.
(7) Nouvelle Correspondance, 182.
(8) Ibidem, 87.
(9) Nouvelle Correspondance, 82.
(10) Ibidem et la correspondance avec Olivier.

Fort de son éducation scientifique, il suppléa par une hygiène appropriée et par l'organisation méthodique de sa vie aux vicissitudes de sa santé.

Tout d'abord, il faut faire justice des insinuations aussi fausses que mesquines qu'ont lancées sur l'auteur des Lundis ses ennemis les plus acharnés. Le dîner Magny et le fameux dîner du Vendredi-Saint, habilement exploités, constituèrent un excellent prétexte pour représenter Sainte-Beuve sous l'aspect de quelque Gargantua orgiaque. Deux de ses secrétaires, Levallois et Troubat, nous ont heureusement donné des précisions sur le régime alimentaire qu'il s'était imposé :

« *Une tasse de thé avec un nuage de lait, dit le premier, et une brioche que, le plus souvent, il partageait avec sa vieille chatte; voilà ce dont se composait invariablement son déjeuner* ».

« *Le dîner était plus confortable sans la moindre superfluité, sans recherche de bonne chère. L'eau rougie était la boisson dominante. A peine, au dessert, un doigt de vin pur, et, dans les grandes occasions un petit verre d'anisette ou de curaçao. Jamais de café ni de cognac. On voit que Sainte-Beuve n'était ni buveur ni gourmand. Il se piquait d'être gourmet...* » (1)

---

(1) Sainte-Beuve, par Levallois, 182. Il se piquait d'être gourmet, ajoute l'auteur. Selon lui, les gens de goût doivent avoir le palais délicat, impressionnable. « Voyez les doctrinaires, répétait-il volontiers, ils ne savent ni ce qu'ils mangent, ni ce qu'ils boivent. On ferait manger un morceau de carton à M. Guizot sans qu'il s'en aperçut. Et bien, en littérature, ces hommes-là n'ont point de goût à eux. Ils prononcent en vertu de la tradition scolastique, universitaire. Leurs jugements sont faits d'avance, non sentis, ni éprouvés personnellement ». Voir « Mes Poisons ».

Troubat constate lui aussi la frugalité de son Maître : «... *Sur le coin de sa table, une casserole en argent, avec un reste de lait. Il venait de faire son frugal déjeuner, qui consistait en thé au lait et deux brioches frottées de beurre frais. Méthode anglaise ou boulonnaise contractée dès l'enfance. Il en laissait toujours un peu pour « mignonne », au coin de la cheminée. C'est ainsi qu'il se tenait l'esprit léger... pour son travail et les pieds chauds, l'hiver, à l'aide d'une chaufferette qu'il faisait mettre dans sa voiture le jeudi quand il allait à l'Académie.*

Il avait le plus grand soin de son cerveau, n'usant d'aucun excitant, ne prenant pas de café, ne fumant pas; tout au plus se permettait-il, après dîner, le mélange About (du curaçao avec un soupçon de rhum) dont le spirituel auteur du « roi des Montagnes » lui avait donné la recette facile... Le dîner, plus substantiel que le déjeuner, était délicatement mais sobrement composé : potage, roti, salade, légumes, fromages, fruits ou gâteaux. Il affectionnait certain gâteau spécial aux amandes qu'on prenait chez le boulanger de la rue de Fleurus. Il aimait beaucoup les fraises, et en mangeait quelques fois au sucre, le soir avant de se coucher.

A peine le matin prenait-il la valeur d'une soucoupe de chocolat au lait, sans pain... » (1)

En somme, ce régime plutôt austère s'adaptait assez bien à la diathèse dont Sainte-Beuve était atteint. On avouera qu'en tout cas il ne justifiait aucunement les récriminations du parti opposé.

---

(1) Troubat, Souvenirs, 247-248.

Ses excès génitaux n'ont pas plus existé que ses excès alimentaires. Cependant que n'a-t-on publié sur eux ! A lire Pons (1) ou Nicolardot (2), l'oncle Beuve était un noctambule qui hantait les maisons de passes les moins reluisantes et peuplait sa maison d'hétaires. Nous ne discuterons pas ces libelles sans valeur. Le Docteur Voizard, explique par des poussées herpétiques intermittentes et par une malformation du méat la soi-disant hyperexcitation génésique de Sainte-Beuve (3). On déduirait aussi de cette ingénieuse hypothèse la timidité génitale que l'on a décrite chez lui, comme chez son cadet, Baudelaire. Mais, à notre sens, l'hypothèse est loin d'être vérifiées ; est-il prudent de baser un diagnostic si précis sur des allusions possibles que contiendrait le roman de « Volupté »? Aucun document même ne permet d'affirmer que sa génitalité fut tant au-dessus de la normale. Elle ne fut pas non plus au-dessous, et Troubat nous apprend que vieillard, il avait encore de galants rendez-vous (4). Digne disciple de Cabanis ou d'Helvétius, il réglait la question sexuelle en vrai physiologiste et croyait utile la satisfaction de ce besoin naturel (5) :

---

(1) Pons : Sainte-Beuve et ses Inconnues.

(2) Nicolardot : La confession de Sainte-Beuve.

(3) Sainte-Beuve aurait été opéré d'un papillome du canal (thèse de Voizard, p. 37-38, par Ricord). Il y est même spécifié que la tumeur était grosse comme une noix et que l'opéré perdit beaucoup de sang. Nous ignorons l'origine de cette information. Voir sur le même sujet : Cabanès : Sainte-Beuve, in Revue des Alcaloïdes, 1912.

(4) Troubat, Souvenirs, 359.

(5) Troubat. Sainte-Beuve intime et familier, 13.

« *L'amour physique, notait-il, est un bon dérivatif contre l'engorgement intellectuel ; le tout est d'en user avec mesure. Purgeons notre cerveau, ne le vidons pas, tenons le libre.* » (1)

Nous croyons par les lignes précédentes avoir suffisamment montré les règles d'hygiène auxquelles Sainte-Beuve s'était astreint. Citons encore par surcroît l'opinion de M. Léon Séché, que les détracteurs les plus partiaux de notre auteur n'oseront pas discuter :

« *Quand on entreprend une tâche aussi lourde que celle de faire à jour fixe et chaque semaine un article de critique et d'histoire littéraire, il faut en dehors des vastes connaissances préalablement acquises, qu'il y ait entre le corps et l'esprit une entente parfaite, autrement dit que la bête humaine sacrifie à son noble compagnon une bonne part de ses appétits et se soumette à un régime spécial. Sainte-Beuve, en dépit de la réputation dont il jouissait dans un certain milieu, n'avait pas attendu pour régler sa vie animale. Il a dit quelque part que, lorsqu'il habitait dans la rue du Commerce, il dépensait 27 francs par mois pour ses déjeuners. Celà donne l'idée de sa tempérance. Sur l'article de l'amour, quoiqu'il fût très ardent de son naturel, il était également très sobre. Il le fut toujours et n'accorda jamais que peu de temps aux plaisirs sensuels...* » (2)

Il sacrifia même les plaisirs mondains qu'il goûtait autant et plus que tout autre. Nous avons vu qu'il attribuait à juste titre une incomparable vertu répa-

---

(1) Mes Poisons, 70.

(2) Séché, Sainte-Beuve, tome I, 287-288.

ratrice au sommeil (1) ; aussi refusait-il fort souvent les invitations du soir. « *Il me devient impossible de concilier la vie du soir avec le travail du jour, écrivait-il au prince Napoléon* » (2). S'il se couchait tard du fait de ses occupations littéraires, il se levait tard : « *Un matin, à neuf heures et demie, (pas plus tôt, car je suis peu matineux)* », *telle est l'heure qu'il fixe à Charles Tranchant pour une entrevue.* (3)

*

* *

Sainte-Beuve ne se contentait pas de suivre un régime alimentaire, d'éviter tout excès, toute veille superflue. Il appliqua l'esprit d'ordre et de méthode qu'il tenait de ses ascendants fonctionnaires et qu'il avait perfectionné pendant ses études scientifiques jusque dans sa manière d'organiser sa vie et son travail intellectuel. Chaque heure de la journée, chaque jour de la semaine avait son emploi du temps déterminé. Le grand homme avait contracté ses habitudes, ses manies qu'il ne faisait pas bon contrarier. C'est ainsi qu'il ne sortait que le soir, avec son secrétaire, pour « causer son article », sous le prétexte fallacieux (auquel ses collaborateurs ne se laissaient pas prendre), de « faire sa digestion » (4). Il quittait aussi son cabinet pour « aller aux fourrages » (5), c'est-à-dire pour réunir dans les bibliothèques les innombrables documents qu'il exigeait. Tout le reste de son

(1) Voir Première partie.
(2) Nouvelle Correspondance, 198.
(3) Ibidem, 303.
(4) Séché, loc. cit. 289.
(5) Ibidem, 290.

temps était absorbé par le dépouillement des sources, la rédaction de ses chroniques.

« *Je descends au fond d'un puits chaque mardi matin pour n'en ressortir que le vendredi soir, je ne sais trop à quelle heure. Je n'ai aucun jour à donner à mes amis, et mon lundi, seul jour de répit, est pris en général, par une commission dont j'ai l'honneur de faire partie* » (1).

Il était arrivé à discipliner et à régler sa vie en vue de la production et tous les détails étaient rationnellement répartis. (2) Il considérait cette discipline comme un véritable régime intellectuel :

« *Toute ma vie est employée à lire, puis à écrire, puis à corriger les épreuves. Ce n'est pas à moi à vous apprendre ce que c'est que ce régime du travailleur, confiait-il à Collombet ; seulement ce en quoi le mien diffère du bénédictin, c'est que j'y introduis la machine à vapeur et que tout s'y fait à grande vitesse* » (3).

---

(1) Nouvelle Correspondance, 189.

(2) « Le lundi, le mardi, le mercredi et le jeudi se passent à dicter l'article qui paraîtra le lundi matin, et à lire, prendre des notes, ruminer l'article qui viendra après ; le vendredi, je le jette sur le papier ... C'est un accouchement laborieux. Le samedi et le dimanche, nous corrigeons les épreuves de l'article qui va paraître le lundi ; aussi ma mauvaise humeur commence-t-elle le lundi, le mardi elle est pire, le mercredi elle est comble, le jeudi elle persiste, le vendredi je m'enferme tout le jour, je n'y suis pour personne et, je mets du coton dans mes oreilles, pour qu'aucun bruit extérieur ne rompe le charme et je bâtis l'article comme un tailleur bâtit un habit ». Troubat Souvenirs, 254.

(3) Lettres à Collombet, 257.

Sainte-Beuve sut ainsi ménager sa monture et se montra lui-même bon hygiéniste. Doué d'une complexion qui n'était pas inébranlable, il conserva jusqu'à sa mort, l'intégrité de ses facultés intellectuelles. Troubat nous a appris qu'il remaniait encore pendant les derniers jours certaines de ses œuvres. Tous les auteurs affirment même que son jugement s'était affiné et beaucoup préfèrent les « Nouveaux Lundis » aux « Causeries du Lundi ». Son esprit était encore assez solide pour que, quelques mois avant son décès, souffrant d'une douloureuse infirmité, il put soutenir une longue discussion orageuse en plein Sénat impérial. Enfin, particularité encore plus remarquable, l'esprit de Sainte-Beuve ne se fossilifia jamais ; jusqu'à sa dernière heure, on le vit accueillir avec indulgence, souvent avec sympathie les idées nouvelles. Il y a là un signe d'une verdeur intellectuelle peu commune.

CHAPITRE II

Retentissement sur la vie affective. Relations médicales.

SOMMAIRE. — **Subordination de la sensibilité et de l'affectivité à l'intelligence critique** : Impartialité visée par la critique de Sainte-Beuve.

Ses relations médicales ; Les médecins amis, (Veyne, Paulin, Piogey, Michon) ; médecins connus comme malade, (Ricord, Philipps, Milcent); médecins connus comme hommes de lettres (Véron, Peisse, Fée, Villemin, Montanier, Roulin, Richard) ; relations avec les sommités médicales de l'époque (Ch. Robin, Pasteur, Cl. Bernard, Littré, Raspail) ; relations diverses (les Boulonnais Hamy et Foissac, Besançon, Sémerie, Grenier, Regnard, Dureau, Couriard, Rayer, Donné, Tourdes; Lacaussade et Troubat qui avaient fait des études médicales).

Nous avons signalé au cours de notre préface, que l'un des effets de l'éducation médicale était la mise en tutelle, au moins temporaire, de la sensibilité. (1) Le médecin, au chevet du malade, le chirurgien au cours d'une intervention, ont besoin de toute la lucidité de leurs facultés intellectuelles ; les questions d'ordre sentimental sont reléguées au second plan.

Pour un critique littéraire, pour Sainte-Beuve en particulier qui se proposait d'étudier « l'histoire naturelle des esprits » (2), il était indispensable d'éduquer de la

(1) Voir Préface.
(2) Nouveaux Lundis, III, 24.

sorte et de réfréner des élans affectifs qui l'eussent volontiers égaré. Il n'eût qu'à développer les tendances qu'il avait acquises dès sa jeunesse.

Il n'atteignit pas d'emblée cette sérénité de jugement. Il l'avoua un jour, non sans quelque mélancolie :

« *Jeune, on rêve la gloire littéraire sous une forme plus brillante, plus idéale, plus poétique ; on tente l'arène lyrique..., on se propose tout bas ce qui donne le triomphe au Capitole, le vrai laurier. Ou bien c'est le roman qui nous séduit ou nous appelle : on veut se loger dans les plus tendres cœurs et être lu des plus beaux yeux. Mais viennent les mécomptes, les embarras de la carrière, les défaillances du talent, les refus sourds et obstinés. On se lasse, et si l'on aime véritablement les lettres, si une instruction solide n'a cessé de s'accroître. de se raffiner au milieu et au moyen même des épreuves, on est en mesure alors d'aborder ce que j'appellerai, en un sens très général, la critique, c'est-à-dire quelque branche de l'histoire littéraire ou de l'appréciation des œuvres* » (1).

Ainsi Sainte-Beuve se disait enfin décidé à s'en tenir à l'explication des productions des autres, à leur classification et à leur appréciation critique. Bon clinicien, il ne voulait se laisser abuser ni par ses sympathies, ni par ses inimitiés. On remarquera qu'il composa rarement des feuilletons sur ses amis. Il préférait se taire, plutôt que de passer sous silence les défauts de son modèle. Inversement, il avait soin d'épargner devant le public ses pires ennemis. Il ne parla plus de V. Hugo

(1) Portraits Contemporains, II, 308.

depuis sa brouille avec le poète. Il ne se sentait pas assez sûr de lui :

« .... *Je n'ai pas à écrire sur lui depuis ce temps-là et je ne saurais le faire, comme il convient à un critique indépendant, sans paraître ou violer une ancienne amitié, ou sans avoir l'air d'y vouloir remonter ou de m'y reprendre. Si on veut le louer, sans doute on peut le faire.. Pour moi je ne le ferai pas, parce que ma louange serait accompagnée de trop de restrictions qui paraîtraient des offenses à un homme de grand talent dans le malheur, ou parce que, en supprimant toutes les critiques sérieuses, je serais réduit à faire ce que vous semblez désirer, un acte de générosité* ».

Or, amitié, inimitié, générosité, ce sont des sentiments, dit implicitement Sainte-Beuve, et les sentiments ne doivent pas plus intervenir dans l'énoncé d'un jugement littéraire que dans l'élaboration d'un diagnostic.

En étant purement intellectuelle, la critique de Sainte-Beuve fut souvent cruelle ; il froissa maintes susceptibilités ; il reçut un grand nombre de lettres de personnes qui le connaissaient et qui l'imploraient, le suppliaient de ne pas révéler une tare jusque là ignorée, d'un de leur parent, mari, épouse, frère ou sœur. La réponse contenait immanquablement un refus catégorique. D'autres fois, il mécontentait un parti, un groupe littéraire tout entier. Son impitoyable dissection de Chateaubriand, son article où il insistait sur les hallucinations de Jeanne d'Arc, tous les volumes de son « Port-Royal » suscitèrent une avalanche de récriminations.

Devant ces protestations, Sainte-Beuve s'appliquait à ne pas réagir. Il écrivait par exemple à Vinet :

« *Je suis passé à l'état de pure intelligence critique, et, assistant avec un œil contristé à la mort de mon cœur, je me juge et je reste calme, froid, indifférent; je suis mort et je me regarde mort, sans que celà m'émeuve ou me trouble autrement... L'intelligence luit sur ce cimetière comme une lune morte...* » (1).

Même déclaration dans une autre lettre :

« *Plus je vais, plus je deviens indifférent...* » *Enfermé hermétiquement dans son cabinet comme un savant dans son laboratoire, il* « *n'a qu'un sincère désir de voir et de montrer les choses et les personnes telles qu'elles sont, telles du moins qu'en ce moment elles lui paraissent* » (2). *Il n'a qu'un dessein,* « *fouiller et sonder ses personnages quoiqu'ils en aient* », *les* « *mettre à jour et les démasquer impitoyablement* », *les* « *déshabiller, les retourner du dedans au dehors* » (3).

Ce programme n'alla point sans heurt et beaucoup se plaignirent de son indiscrète perspicacité; un certain vide s'établit un instant autour de sa demeure. Loin de s'en blâmer, il s'en réjouit.

« *Un critique ne doit pas avoir trop d'amis, de relations du monde, de ces obligations commandées par les convenances. Sans être précisément des corsaires, comme on l'a dit, nous avons besoin de courir nos bordées au large ; il nous faut nos coudées franches.* » (4)

---

(1) Cité par M. Bellesort. Loc. cit.

(2) Lundis, II, 287.

(3) Lundis, III, 275.

(4) Lundis, II, 107.

A la fin de ce paragraphe, nous dirons que nous sommes loin d'être seul à signaler cette subordination de la sensibilité à l'intelligence que noûs rencontrons si nettement

Il eut cependant de bons amis. Nous ne voulons pas dire que son passage dans les milieux hospitaliers avait éteint en lui toute capacité affective. Le critique était indépendant, mais l'ami était généralement dévoué et fidèle. Pour le prouver, nous ne passerons pas en revue toutes ses relations, mais nous dirons quelques mots de ses relations médicales. Nous avons en effet été frappé en constatant que ses meilleurs amis ont été des médecins ; il en connut un très grand nombre.

Sainte-Beuve, nous l'avons vu, était intimément lié avec le Docteur Paulin qui l'avait hébergé plusieurs mois (1). Nous avons rappelé récemment l'intimité plus grande encore et plus étroite qui l'unit avec le Docteur Veyne (2). Nous aurons complété la galerie des médecins qu'il préférait quand nous y aurons rangé le Docteur Piogey et son confrère Michon.

Piogey n'est pas pour nous un personnage nouveau: nous l'avons déjà rencontré au chevet de Sainte-Beuve

---

chez Sainte-Beuve. Des critiques de bords opposés nous ont précédé. Citons par exemple, E. Renoult qui sous la rubrique « L'intelligence et la sensibilité », et le sous-titre : « préface à une édition hypothétique de Sainte-Beuve, » met fort bien en relief ce trait de la personnalité Beuvienne. « Sainte-Beuve est le type le plus complet de l'esprit clair, dénué de passion, soucieux du vrai, du vrai seul ..... Admettez un moment Sainte-Beuve éclipsant Hugo. N'est-ce pas la raison dominant la sensibilité, la pensée détronant la rêvasserie, etc.... ? » (Action Française, 19 mars 1919).

(1) Voir Première Partie.

(2) Voir article personnel in Chronique médicale août-septembre 1927 : Un médecin ami de Raspail et de Sainte-Beuve.

en 1865 (1). Médecin averti, ancien interne des Hôpitaux de Paris (2), membre d'un grand nombre de sociétés savantes et professionnelles, Piogey avait été introduit Rue Montparnasse par Jules Troubat qu'il avait connu lui-même, secrétaire chez son ami Champfleury. La correspondance que nous avons reproduite, laisse voir la confiance que Sainte-Beuve lui accordait. En 1866, Baudelaire, malade, demandait conseil à l'oncle Beuve. Ce dernier lui répondit en l'adressant à Piogey, « véritable médecin d'homme de lettres. » (3)

Louis-Marie Michon (4) était un des hôtes assidus

---

(1) Voir Première Partie.

(2) Né à Pouilly-en-Montagne (Côte-d'Or). Interne des Hôpitaux de Paris (Promu le 16, XII, 1846). Vice-secrétaire de la Société médicale d'observation ; membre de la société anatomique. Thèse à Paris, le 21 juin 1851 ; Considérations sur la scarlatine, l'anasarque scarlatineux et leur traitement (Didot jeune in-4°, 46 pages). Jury : Duméril président; Gavarret, Richet, Roger. Ses Maîtres des Hôpitaux furent : Bazin, Cruveilher, Cullerier, Hervez de Chégoin, Lenoir, Velpeau, Voillemier, Voisin.

Publia : Du charlatanisme médical et des moyens de le réprimer (Masson 1853, in-8° 670) et : Reflexions sur la prétendue curabilité de la tuberculose par la méthode de Koch (Lévy, 1891, in-8°, 16 pages). Voir aussi différents articles, notamment in Bulletin Société anatomique de Paris (tome XXVII, 1852) et Gazette médicale de Paris 1853, tome VIII.

(3) Correspondance, II, 57.

(4) Ancien interne de Paris (14, XII, 25), né à Blanzy en 1802, Dr 1832, agrégé libre, 33, prosecteur, membre de la Société anatomique. Thèse : Quelques propositions sur l'anatomie, la physiologie et la pathologie, Didot jeune, in-4°, 17 pages (28 mai 1832). Il y indique que « des conditions imprévues l'obligent de terminer promptement ses études ». Jury-Andral, président, Alibert, Moreau, Fouquier, Trousseau. Thèse d'agrégation sur « la Carie et la nécrose » en 1833 et de professorat en 48 sur le Cancer cutané. Ne fut jamais professeur. Fit partie de nombreuses sociétés, fondateur de la Société de Chirurgie. Voir l'énoncé de ses titres, paru en 1854.

de la maison de Montparnasse sous le secrétariat de Levallois. Sa mort en 1866 priva le Lundiste d'un de ses meilleurs amis. Ancien condisciple de Littré, agrégé, chirurgien de Louis-le-Grand, de Cochin, puis de la Pitié, il s'était rendu célèbre par son inlassable dévouement. Levallois qui l'appelle le « Charmide des morticoles », souligne ce trait de caractère dans l'anecdote suivante :

« *Depuis plus de trente ans, dit-il, j'éprouve ces inconvénients de la vue qu'on appelle des mouches volantes. A la première apparition du mal, j'allais voir Monsieur Michon; j'étais un tout jeune homme. Michon, après m'avoir sérieusement examiné, me renvoie en m'assurant que ce n'était rien de sérieux. J'offre cinq francs pour la consultation. Il ne voulut jamais les accepter en me disant seulement : « Vous me paierez quand vous serez un grand homme de lettres.* » (1)

Le même secrétaire raconte qu'une fois Michon fut appelé d'urgence auprès de Sainte-Beuve qui, en tombant maladroitement, s'était luxé le pouce. Sainte-Beuve, très douillet, ne voulut pas lui laisser réduire la luxation, et ce n'est que le lendemain que Piogey put remettre l'os en place tandis que son ami poussait des cris de paon (2).

Nous avons aussi noté la présence de Ricord et de Philipps auprès de Sainte-Beuve malade (3). Comme Piogey, Ricord, qu'il avait vu quelquefois

(1) Chronique médicale, 1896, p. 400.

(2) Michon fut ami et condisciple de Littré (Nouveaux Lundis, V, 208.

(3) Voir Première partie, p. 94-95.

dans les grandes réceptions données par le Docteur Véron, ayant eu à opérer son malade, éprouva sa pusillanimité.

« *Son vrai nom aurait dû être : Noli tangere, gare à qui me touche », disait Ricord.* (1)

Néanmoins le malade appréciait très haut ses capacités.

Mais ses sympathies allaient directement à Philipps qu'avait dépêché près de lui Ricord, indisposé. Sainte-Beuve goutait peut-être sa conversation sarcastique et amusante. Un jour dans un de ces diners intimes qu'il avait coutume d'offrir à ses amis, le critique avait évoqué ses années d'étudiant; il venait de traiter Richerand de charlatan; ce fut au tour de Philipps d'attaquer Roux : « Là-dessus, disent les Goncourt, témoins, le Dr Philipps, avec sa grosse tête sur les épaules, ses yeux saillants, sa tête ankylosée, se met à parler chirurgie, opérations, nous entretient de Roux, cet artiste en pansements, qui tuait ses malades par la coquetterie de ses bandes ». (2)

Sainte-Beuve quoique douillet, n'était pas un trop mauvais malade. Il s'abandonnait complètement aux soins diligents de ses amis ; sa confiance fut pourtant mise un jour à une rude épreuve :En 1867 son cousin d'Althon Sée éprouva le besoin de lui donner sa propre opinion sur le traitement de son affection (nil novi sub sole) et lui prôna les mérites d'un homéopathe en vogue nommé Milcent (3). Ce dernier, accepté après bien des récriminations, conseilla une modification du

(1) Lettres à la Princesse, 278.
(2) Journal des Goncourt, III, 177.
(3) Troubat, Souvenirs, 330.

régime : « Faites vous de la végétation » dit-il et il prescrivit une alimentation exagérément copieuse, pantagruélique. Sainte-Beuve crut qu'en feignant d'accepter, il mettrait un terme, à l'insistance déplacée de cet importun cousin et de son grand homme. Il se trompait et quelques jours plus tard une nouvelle offensive était déclanchée et Milcent lui faisait hommage d'un livre où il vantait les vertus de sa thérapeutique. Cette fois Sainte-Beuve l'éconduisit poliment mais clairement en lui répondant par une lettre ainsi conçue :

« *Monsieur et cher Docteur, lui disait-il, je comptais presque vous voir ces jours-ci. J'ai à vous remercier de deux écrits dont je vous ai dû l'envoi. Ils m'ont fort intéressé, et, quoique je sois bien peu juge en ces matières, je me suis permis tantôt et souvent d'approuver, d'autres fois de discuter, d'autres fois enfin de trouver que la logique vous entraînait un peu au delà de l'expérience. Je suis de ceux par malheur, qui pourraient être classés parmi les inconséquents et qui sont accoutumés à prendre des uns et des autres, à flotter dans l'entre-deux. Ce que je fais en morale, j'eusse probablement été tenté de le faire si j'étais devenu médecin. Mais combien j'apprécie, croyez-le, l'élévation des doctrines, la fermeté des points de vue, la largeur et l'équilibre, l'animisme vraiment Hippocratique. Je vous aurais dit, Monsieur et cher Docteur, quelque chose de tout cela, en vous exprimant tous mes remerciements. La force a continué de me revenir, je marche et je crois en être maintenant au point où j'en étais avant ma complication. Il ne faut pas désirer trop guérir ....* » (1)

(1) Nouvelle Correspondance, 256.

Du fait de sa profession, Sainte-Beuve se mit en rapport avec un certain nombre d' « évadés » : journalistes, hommes de lettres, philosophes, poètes, etc.... Notre peu reluisant confrère Véron (1) mit à sa disposition de grands journaux.

Il connaissait aussi Louis Peisse (2) qui était à peu près de son âge ; il avait étudié jadis la médecine à Montpellier, s'occupait d'histoire médicale et écrivait au « National » et à la « Revue des Deux Mondes ». Peisse était un critique chagrin et sévère. Les quelques lignes suivantes donneront une idée de l'estime modérée que Sainte-Beuve lui accordait :

« *Peisse est bon esprit, mais pessimiste, instruit mais exclusif, trop chagrin pour sourire aux arts ; c'est un bon esprit de rez-de-chaussée, il n'a jamais eu de belvédère. Bon critique d'ailleurs et judicieux écrivain. Il est médecin, il a commencé à écrire sur Broussais et contre Gall ; il est psychologue et a traduit quelque chose des Ecossais, d'Hamilton, je crois. Il a été de la fondation du « National » avec Thiers, Mignet... Il y écrivait alors des articles très classiques contre les excès de l'Ecole Romantique. Il est devenu depuis Inspecteur des Beaux-Arts ; il vient de manquer l'Académie des Sciences morales dont il était très digne d'entrer. Un critique aussi sévère que lui le définit ainsi : « Un de ces ecrivains discrets que deux ou trois hommes d'imagination font pro-*

(1) Voir Première partie, p. 136.

(2) Né à Aix-en-Provence, en 1803. Etudiant en médecine à Montpellier. Vient à Paris en 1826 et publie « Les Médecins français contemporains » (Deux livraisons in-8°). Conservateur aux Beaux-Arts. A écrit sur Cabanis, les Médecins et la Médecine, etc....

fession d'admirer beaucoup pour se donner des airs judicieux ». Le fait est que M. Peisse a toujours été très vanté par ses amis Thiers et autres, comme promettant beaucoup et qu'il a très peu produit. Armand Carrel le citait comme un des meilleurs écrivains du temps. Dans tous les cas, la louange de Peisse est rare et a son prix. » (1)

A la suite d'un article sur Madame Valmore, Sainte-Beuve reçut entre autres lettres de félicitations, celle-ci :

« *Monsieur, Mme Valmore que vous nous faites aimer, a mérité par ses œuvres de constituer un genre nouveau, le genre plaintif, toutefois en prenant cette expression en bonne part. C'est un talent naturel, lors même qu'on serait parfois tenté de croire à quelque recherche. Il semble que ces vers sont tombés de sa plume sans nul effort, comme les mots d'une bouche éloquente. C'est par là que Mme Valmore me paraît digne d'occuper une des premières places parmi les femmes poètes de ce siècle ...* »

Cette lettre portait la signature de Fée, professeur à la Faculté de Médecine de Strasbourg, poète lui-même et auteur de vers « doucement mélancoliques » sur la mort de Marceline (2).

Levallois cite encore dans l'entourage du critique le Docteur Villemin, qui faisait partie de ses relations mais non de ses amis et voulait à toute force lui infliger la lecture de la mauvaise tragédie d' « Ulysse », qu'il avait composée (3).

(1) Chroniques parisiennes 217. Voir aussi les Cahiers, p. 185-186.

(2) Nouveaux Lundis, XII, 184-185.

(3) Chronique médicale, 1896, 400.

Au contraire, il faisait le plus grand cas de deux médecins érudits, Montanier et Roulin. Avec le premier, il avait projeté une réédition des œuvres de Guy-Patin qu'il étudia longtemps et qu'il ne put jamais réaliser (1). Il mit, par contre, fort souvent l'obligeance du second à contribution. Roulin, ancien élève de Magendie et de Cuvier, après avoir été professeur de physiologie en Colombie (2), s'était acquis une grande notoriété comme collaborateur scientifique de plusieurs revues. Depuis 1832, il avait obtenu successivement les places de bibliothécaire à l'Arsenal, puis à l'Institut. Roulin avait été l'ami de Proudhon et, quand Sainte-Beuve entreprit l'étude du célèbre socialiste, Roulin lui fournit beaucoup de renseignements sur l' « homme » ; Sainte-Beuve les appréciait d'autant plus qu'ils venaient d'un médecin.

M. Pierre Campaux nous apprend que Sainte-Beuve rencontra quelques fois le docteur David Richard, ami de George Sand, condisciple de Lamennais, médecin de l'asile d'aliénés de Stéfansfeld en Alsace (3).

Grâce à ses nombreuses relations et par l'intermédiaire de la Princesse Mathilde, d'Augustine Brohant

(1) Chronique médicale, 1896, 400 ; Correspondance, I-185 ; Sainte-Beuve par Levallois, 208-210.

(2) François-Désiré Roulin, né à Rennes en 1796, en quête d'une situation immédiate s'était exilé en Colombie, en 1821. Il en revint avec une énorme provision d'observations d'histoire naturelle en 1828. Annota Cuvier et participa à la rédaction du Dictionnaire de D'Orbigny. Sainte-Beuve rend hommage à sa complaisance : Proudhon 249, 250, 251. Voir aussi Correspondance I-435. Proudhon et Roulin se connurent beaucoup.

(3) Revue hebdomadaire 1927 et lettres personnelles.

qui tenaient salon, Sainte-Beuve put voir de près les sommités médicales de son temps. Nous avons naguère mis en lumière son admiration pour Raspail (1). Plus étroits étaient ses rapports avec Charles Robin, le plus lettré des médecins de l'époque (2). Robin figurait toujours dans les diners de la rue Montparnasse (3), et fut également son commensal au fameux diner du Vendredi-Saint qui déchaîna la fureur du monde catholique, avec le Prince Napoléon, Taine, About, Renan et Flaubert (4). Ils se rencontraient enfin aux diners Magny où ils étaient tous les deux assidus (5). Sainte-Beuve fit preuve envers Robin d'un louable dévouement. Lorsque Robin, vers 1865, posa sa candidature à l'Académie des Sciences, l'Auteur des Lundis, prit en mains, avec Taine (6), son élection. Il le patronnait en ces termes auprès de la Princesse, le 26 août 1865 :

«... *Une place est vacante à l'Académie des Sciences par la mort de M. Valenciennes ; il s'agit de nommer un anatomiste. L'homme le plus capable, le plus en avant dans la science, un « découvreur », c'est M. Robin, professeur à l'Ecole de Médecine, un ami de Rayer, un ami de Claude Bernard, de Taine, un vrai philosophe sous forme physiologique, un des savants qui font le plus d'honneur à la France à l'étranger.*

---

(1) Voir article personnel in Æsculape 1927 (numéro de novembre)

(2) Voir Genty : Les amitiés littéraires de Ch. Robin, in Progrès médical, juin 1927.

(3) Chronique médicale, 1899, 649.

(4) Séché, op. cit., II, 231.

(5) Séché, I-311.

(6) Voir article de Genty ci-dessus cité et l'article de Variot, in Bull. Soc. hist. méd., 1925, XIX, page 8.

Or, M. Robin, parce que c'est un savant pur et sans concession, a contre lui les Milne-Edwards, les Quatrefages. Ce dernier resté protestant et biblique, même quand il fait de la science, et l'autre qui tient à ce que les traités d'histoire naturelle soient approuvés par l'archevêque.

Bref, il s'agit, Princesse, d'acquérir à M. Robin, non pas les impossibles, mais les possibles, à savoir M. Chevreul et M. Serres, sur qui l'on dit que votre altesse a du crédit. » (1)

Trois mois plus tard, le 20 novembre, il écrit pour le même motif à Pasteur :

« *Cher Monsieur, me permettrez-vous d'être indiscret et de venir vous solliciter en faveur de M. Robin dont je sais que vous appréciez les travaux?*

Peut-être M. Robin n'est-il pas de la même école philosophique que vous ; mais il me semble — autant que je puisse juger de ces choses étrangères — qu'il est de la même école scientifique, expérimentale.

S'il différait essentiellement par un autre côté — un côté métaphysique ou non métaphysique — ne serait-il pas bien et beau à un vrai savant de ne tenir compte que des travaux positifs? Rien de plus, rien de moins.

Pardonnez-moi, j'ai tant souffert de l'injustice où j'ai vu certains organes de la presse à votre égard, que je me suis demandé quelques fois s'il n'y avait pas un moyen tout simple de réfuter ces sottises, de faire tomber dans l'eau tous ces sots et méchants propos. Vous êtes seul juge, mais si M. Robin mérite d'être de l'Aca-

(1) Lettres à la Princesse, 167-168.

démie des Sciences, pourquoi n'en serait-il point par vous ? C'est comme quand Littré s'est présenté à l'Académie Française, ceux qui l'ont cru digne ont eu tort, je le crois, de ne pas lui donner la main. Les sciences ont droit ce me semble d'être en de tels cas plus indépendantes encore que les lettres. La science ne voit que la science ...» (1)

On connaît l'épilogue de l'affaire : l'élection fut différée; Sainte-Beuve, déçu, écrivit à sa correspondante impériale :

« *Il y a à l'Académie des Sciences un petit tour de rouerie que m'expliquait, hier, M. Berthelot : c'est de retarder indéfiniment l'élection, dont les chances sont pour le moment les plus favorables à Robin. Je disais tout à l'heure : Oh ! les Universitaires, je suis tenté de dire maintenant : Oh ! les savants !* » (2)

L'une des lettres que nous venons de citer montre les bonnes relations qui unissaient Sainte-Beuve et Pasteur. Elles remontaient à plusieurs années. Quand Sainte-Beuve avait professé pendant quatre ans à l'Ecole Normale, comme Maître de Conférences, il avait eu en Pasteur un auditeur fidèle et admiratif. Sainte-Beuve lui en garda un souvenir reconnaissant et vanta la valeur de Pasteur à plusieurs reprises (3).

Claude Bernard aussi fut un de ses visiteurs fidèles. Sainte-Beuve lui avait demandé son avis pendant sa der-

---

(1) Lettres à la Princesse, 188-189.

(2) Ibidem, 190.

(3) Lettres à la Princesse, 189. La réponse de Pasteur aurait été favorable. (Chronique médicale, 1900, 736. Voir aussi, Nouveaux Lundis, 103-II.

nière maladie (1). Il appréciait au plus haut point le fondateur de la méthode expérimentale :

« *Un illustre physiologiste, M. Claude Bernard, dit un mot qui me paraît la règle la plus sage : « Quand je suis dans mon laboratoire, je commence à mettre à la porte le spiritualisme et le matérialisme ; je n'observe que des faits, je n'interroge que des expériences, je ne cherche que les conditions scientifiques dans lesquelles se produit et se manifeste la vie ». Ce sont là des principes de conduite qui font l'enseignement scientifique irréprochable à tous les points de vue* (2).

Enfin Littré eut le bonheur de s'attirer lui aussi l'amitié dévouée de Sainte-Beuve (3). Peut-être se connurent-ils par l'intermédiaire du docteur Michon, condisciple de Littré. Sainte-Beuve fit longuement l'éloge de sa charité, de ses hautes qualités scientifiques :

« *Il est médecin par vocation, par le dévouement, la science, j'ajouterai la méthode en tout : être médecin est son vrai caractère scientifique* » (4).

« *Il appartient à cette élite de naturalistes philosophes qui tendent à introduire et à faire prévaloir en tout les procédés de la science et à affranchir l'humanité des idoles et puissances trompeuses* » (5).

---

(1) Dans une lettre à la Princesse, Sainte-Beuve raconte qu'il s'est confessé à Cl. Bernard comme à un médecin excellent: il lui a paru content (325). Voir aussi Chronique médicale (1896), 400; Nouveaux Lundis, IX, 175.

(2) Premiers Lundis, III, 308.

(3) Voir la notice sur Littré, différents passages des Nouveaux Lundis : I, 407 ; II, 90 ; IV, 146 ; V, 250, 251, 256 ; Premiers lundis, III, 72 et seq.

(4) Nouveaux Lundis, V, 256.

(5) Ibidem.

Par contre, il n'admettait le système philosophique de Littré, disciple d'A. Comte, qu'avec quelques restrictions :

« *Un manque de nuances se fait sentir* (*chez lui*) *jusque dans cette foi intellectuelle qui me fait par moment l'effet d'une sorte de superstition et de crédulité pour un système qui, dans ses lignes générales, ne me paraît pas si nécessairement s'identifier avec ce cerveau obscur et obstrus et trop souvent malade qui s'appelait A. Comte* » (1).

D'ailleurs Sainte-Beuve ne cachait pas son opinion :

« *J'ai défendu le bon Littré, confiait-il à un ami ; avec lui j'ai suivi Comte ; mais, après l'avoir admis dans ses généralités, je n'ai trouvé que des à peu près. Je l'ai écrit du vivant de Littré et nous sommes tous deux en excellentes relations* » (2).

Il le prouva en défendant la candidature de Littré à l'Académie Française, comme il soutint celle de Robin à l'Académie des Sciences. Malgré ses efforts, Littré fut évincé, par « l'intervention de l'Esprit-Saint incarné par Monseigneur Dupanloup ». Sainte-Beuve protesta avec la plus acerbe vigueur dans un Nouveau Lundi contre « l'injure que l'Académie s'était faite en frappant d'ostracisme un sage, et en se privant d'un membre dont elle avait le plus grand besoin pour ses travaux intérieurs » (3).

L'énumération de toutes ses relations médicales serait longue s'il la fallait complète. Il faudrait ajouter les

(1) Correspondance, II, 144.
(2) Chronique médicale, 1896, 428.
(3) Nouveaux Lundis, XL, 425.

noms des médecins qu'il connut au titre compatriote, par exemple : E. T. Hamy de Boulogne, plus tard membre de l'Institut, qui, encore étudiant, fit partie de la délégation boulonnaise venue pour féliciter le Maître élu sénateur (1) ; tel encore le docteur Foissac, à qui sur la fin Sainte-Beuve en voulut un peu de l'insistance qu'il mettait à lui envoyer un prêtre de ses amis pour l'administrer ou le convertir (2).

Puis viendraient ensuite une liste de confrères connus à des titres variés ; Besançon, par exemple, qui était son voisin rue Montparnasse (3) ; Sémerie, qui lui envoya sa thèse sur « les symptômes de la folie » (4) ; Grenier, son client au Sénat (5) ; Albert Regnard (6) ; Dureau, qu'il rencontra chez Littré, Taine et surtout chez Augustine Brohant où Sainte-Beuve le prenait souvent en

(1) Chronique médicale, 1899, 652.

(2) Troubat. Souvenirs, 312.

(3) qui racontait à Troubat « de jolis souvenirs » sur la vie amoureuse de Sainte-Beuve (Souvenirs 266).

(4) Il lui répond qu'il a voulu « établir des lois pour ce qui en semblait le moins susceptible .... Autre chose, objecte-t-il, est d'être ce qu'on appelle fou dans le sens moral, autre chose, la folie réelle au sens médical. Que l'une de ces folies confine à l'autre ou même y prédispose, c'est possible. Mais quelle différence toutefois ! il y a entre elles deux, la lésion physique, organique.

A propos de Pascal, dont le cas vous paraît d'ailleurs moins éclairci que d'autres, je ne saurais admettre pour décisive l'analyse fort légère et superficielle qu'en a autrefois donnée le Dr. Lélut. Ce qu'on a appelé l'amulette n'implique pas nécessairement une vision, et, du vivant de Pascal, personne n'a jamais entendu parler de cette vision qu'il aurait eue ». Correspondance, II, 208-209.

(5) Correspondance, II, 356.

(6) Chronique médicale, 1896, 425, 427 ; 1899, 649 ; France médicale 1904, 308.

a parte (1), esprit indépendant qui avait publié d'assez curieuses notices anthropologiques ; Couriard, le frère d'Adèle Couriard ; Rayer, le médecin mondain qui soignait la Princesse Mathilde (2) ; Donné, recteur de l'Académie de Montpellier, à qui il adressait le billet suivant en 1865 :

« *Monsieur et savant Docteur, j'ai gardé du temps où j'étais élève en médecine la bonne habitude, qu'on ne devrait jamais perdre, de lire les articles de médecine qui me tombent sous la main ; jugez si j'omets ceux que m'apporte le « Journal des Débats »...., de plus, ils sont signés de vous : je sais à qui j'ai affaire* » (3).

Enfin nous posons un point d'interrogation à propos des relations qui l'unirent à Gabriel Tourdes, professeur de Médecine Légale à Strasbourg, relations qui étaient sans doute assez intimes, puisque, en 1861, Sainte-Beuve lui écrivait « Mon cher Gabriel » (4).

*

* *

Quand nous aurons ajouté que deux de ses secrétaires avaient entrepris dans leur jeunesse des études médicales (Troubat et Lacaussade) (5), nous pourrons affirmer, sans craindre la contradiction, que le Lundiste fut intimement mêlé à la vie et au monde médical de son temps. Ainsi le hasard voulut qu'il n'abandonnât jamais complètement ses premières tendances physiolo-

---

(1) Choisy, Sainte-Beuve, 247.
(2) Lettres à la Princesse 78, 79 ; Nouveaux Lundis, V, 212.
(3) Correspondance, II, 22 et 352.
(4) Correspondance, I, 271.
(5) § Troubat : Souvenirs 153, et Nouveaux Lundis, IV, 459.

giques. Ce long défilé de médecins, qui constituèrent pour lui un entourage fidèle, montre d'autre part que toute affectivité n'était pas éteinte chez lui. En maintes occasions, nous l'avons trouvé dévoué et constant en ses amitiés. Comment expliquer que, littérateur, il ait recruté presque tous ses amis dans les milieux scientifiques ? D'abord en raison de ses origines ; il avait gardé le goût des recherches positives. La méthode qu'il inaugura dans l'art exigeait, d'autre part, qu'il eut une documentation médicale importante et renouvelée. Les médecins étaient de précieux auxiliaires qu'il sollicitait chaque semaine, et qui, moins susceptibles et plus tolérants que ses collègues ou ses rivaux, surent mieux s'accommoder de ses louanges modérées auxquelles il ajoutait toujours quelques réserves.

CHAPITRE III

Retentissement sur ses idées philosophiques et religieuses.

SOMMAIRE. — Délimitation du sujet ; Quelles étaient au juste ses idées religieuses : Son évolution philosophique. Etait-il matérialiste (opinions contraires de Choisy et Levallois ? Etait-il athée? ; il était sceptique (influence de Naudé).
Comment conciliait-il science et religion.

L'évolution morale et religieuse de Sainte-Beuve n'est pas moins intéressante pour le médecin que son évolution affective. L'éternelle question des rapports de la médecine et de la religion passionne encore quelques esprits sectaires, unissant d'un lien artificiel les recherches scientifiques à une doctrine métaphysique déterminée. Les uns n'admettent pas qu'un savant, dont l'esprit s'attache à l'étude des phénomènes matériels, eût d'autre doctrine que le matérialisme ; les autres, proclamant la faillite de la science, son impuissance actuelle et son ignorance devant la plupart des grands phénomènes biologiques fondamentaux, veulent, à toute force, subordonner leurs travaux à leurs théories philosophiques et à leurs convictions personnelles. Les seconds, comme les premiers, discuteront sans doute à l'infini ; les arguments des deux partis reposent également en porte à faux, puisqu'ils mêlent le sentiment religieux, émanation de nos capacités affectives, à la certitude scientifique que nous atteignons au contraire par le seul secours de nos facultés intellectuelles.

Aussi ne nous proposons-nous pas d'aborder la question sous cet angle : nous ferions injure à Sainte-Beuve même. Tout esprit de parti doit être impitoyablement banni d'une étude comme la nôtre. Mais, à la lecture de ses œuvres, nous avons constaté qu'il avait été conduit à l'impiété par ses études positives. Quel était au juste son idéal religieux ? Comment le concevait-il et le conciliait-il avec son amour de l'observation positive ?

*
* *

Sainte-Beuve n'est pas un esprit tout d'une pièce : c'est un esprit à facettes, extrêmement mobile et sujet aux brusques retours sur lui-même. Cependant, à l'examiner de près, on retrouve toujours en fin de compte le fil directeur qui permet de débrouiller la complexité de ses attitudes en apparence contradictoires. Nous rappellerons l'histoire de ses phases religieuses, qu'il a résumée de la façon suivante :

« *Elevé simplement, moralement et dans une religion modérée, près de ma mère, en province, je suis venu à Paris à l'âge de treize ans et demi, déjà assez avancé pour l'esprit et pour les études, et très vierge de cœur. Pendant une année, l'idée religieuse s'est plutôt développée en moi et exaltée par suite du chagrin de l'ab-*

sence et de l'ennui du foyer natal. Mais, l'année après, le courage humain a repris le dessus, je me suis fait homme et je me suis initié de moi-même par toutes sortes de lectures aux idées philosophiques : je n'ai pas tardé à les pousser très loin, au moins quant aux résultats, et il n'en était aucun qui m'effrayât même par ses absolues négations. Cet état me resta pendant des années et m'est devenu fondamental. J'y ai joint des études de médecine et d'anatomie dirigées d'après la même inspiration purement positive » (1).

Ce passage ne semble pas laisser place au doute. Les études médicales ont contribué à étouffer les croyances religieuses. Mais il éprouva dans les années suivantes une sorte de crise mystique qu'il nous explique en ces termes :

« *Toutefois, ayant beaucoup souffert vers l'âge de vingt-cinq ans, j'éprouvai pendant six mois une sorte de maladie de la sensibilité qui prit un caractère mystique, plus poétique que religieux sans doute, mais qui affecta aussi la forme chrétienne. Je fis un petit recueil de poésies intitulé les Consolations... Il ferait illusion encore, malgré tout ce que je pourrais ajouter de contraire. C'est simplement un rêve céleste de six mois dans ma vie... Les doctrines fondamentales dont j'ai parlé et qui tendent à tout expliquer par l'organisation et par la nature, n'ont fait que gagner en moi sous main ...*» (2)

On ne peut être plus explicite. Sainte-Beuve ne fut pas croyant. Mais à quel système, à quelle Ecole philosophique se rattachait-il ? Etait-il matérialiste ? On est

---

(1) Cité par Choisy in Sainte-Beuve, p. 158.
(2) Loc. cit., p. 159.

tenté de répondre par l'affirmative si l'on s'en rapporte à l'aveu ci-dessus: il était revenu aux doctrines du XVIIIe siècle. Telle n'est pas cependant l'opinion de Choisy:

« *Sa philosophie, dit cet auteur, dépassait de beaucoup le rationalisme étroit du XVIIIe siècle : il possédait trop le sens de l'évolution pour se rattacher au matérialisme* » (1).

De fait, nous l'avons vu, Sainte-Beuve avait combattu les idées de La Mettrie (2). En vertu de la même tendance, il avait réprouvé quelques exagérations du Cartésianisme, qui, par une route toute différente, arrivait aux mêmes fins que le matérialisme. C'est ainsi qu'il s'était élevé contre l'hypothèse des animaux-machines(3).

Jules Levallois, au contraire, nous représente le Lundiste sous les traits d'un matérialiste impénitent :

« *Quant à son matérialisme, dit-il, tout ce qu'on a dit et imprimé à ce sujet est encore au-dessous de la vérité. Un prince de ses amis, qui ne se pique pas de spiritualisme, s'écriait un soir (m'a-t-on raconté), après lui avoir entendu développer avec feu ses thèses favorites : « Le matérialisme de Sainte-Beuve m'épouvante !* » ... *Il en*

(1) Eodem loc., p. 297.

(2) Voir première partie, page 51.

(3) On lit dans Port-Royal, tome V, p. 352 : « ..... Il y avait eu à Port-Royal, essai d'inoculation et petite fièvre passagère de Cartésianisme. Il n'y était question que de cette philosophie et de cette physique qui renversait et renouvelait toutes les idées des choses. L'idée d'automates surtout, appliquée aux bêtes faisait fureur ; elle accommodait la théologie du temps et ne contrariait pas trop la physiologie. Elle n'avait contre elle que le bon sens de quelques gens du monde qui avaient été chasseurs, cavaliers, et qui savaient à quoi s'en tenir sur ce machinisme des bêtes ».

était resté à d'Holbach, à La Mettrie, à l'homme-machine, à l'homme-plante. Les systèmes idéalistes sur l'origine de l'espèce humaine, lui faisaient hausser les épaules. La conclusion vers laquelle le ramenait un penchant invincible était celle-là : « *Un degré de chaleur de plus ou de moins à un certain moment du temps, et l'humanité pouvait ne pas éclore.* » (1)

Le témoignage de Levallois ne nous persuade pas. Nous ne croyons pas que La Mettrie ait longtemps gardé la direction morale de notre auteur. Nous avons cité à son sujet des appréciations qui ne sont rien moins que flatteuses. Il ne songea jamais, comme il le disait lui-même, à « matérialiser tout l'homme ». Il n'était pas plus matérialiste que spiritualiste.

On a dit aussi qu'il était athée.

« *J'accorde et je reconnais (ce n'est pas mon regret le moins vif) que Sainte-Beuve était athée, dit encore Levallois* » (2).

Cependant, il s'indignait lorsqu'on le traitait ainsi.

« *De quel droit me qualifiez-vous du titre d'athée, écrivait-il le* 12 *mai* 1868. *C'est une accusation mobile que les orthodoxes de tous les temps se sont plû à promener successivement et à faire planer sur toutes les têtes qui les gênaient. Lisez encore une fois mes écrits, vous y trouverez plus de doute que d'affirmation sur les choses que je ne sais pas. Car ne croit pas à la révélation qui veut* » (3).

En effet, il n'était pas athée au sens étroit du mot.

(1) J. Levallois : Sainte-Beuve, p. 183-184.
(2) Eodem loc. op., XXIX et XXX.
(3) Séché, I, p. 316.

Nul n'avait autant que lui l'intuition de ce que pouvait être les choses de Dieu. Nul n'en était autant respectueux. Mais, à coup sûr, il n'était pas catholique. A deux reprises, il stipula dans son testament qu'il voulait un enterrement civil, « purement civil, était-il spécifié, sans même une messe basse » (1). Il n'était même pas chrétien:

« *Toute philosophie, quelle qu'elle soit au premier degré et dans son premier chef et parent, devient antichrétienne ou du moins hérétique à la seconde génération : c'est la loi et il faut bien savoir cela* » (2).

En un mot, sans être au propre athée, il avait complètement perdu la foi de son enfance.

En définitive, nous dirons que Sainte-Beuve n'était ni matérialiste, ni positiviste, ni athée, il était sceptique. Il a longuement exposé ses dispositions d'esprit. Nous donnerons le résumé rapide de ses explications, et nous verrons que son scepticisme était bien fondé sur le doute scientifique à la Montaigne et surtout à la Gabriel Naudé.

D'abord, remarque-t-il, sceptique ne veut pas dire qui doute mais qui examine. Le sceptique examine tout et n'est disposé à trancher sur rien. Il sait l'inanité et la labilité de ses découvertes, s'il en a fait. D'autres y ont collaboré avant lui, d'autres y retoucheront demain ; il n'est qu'un anneau de la chaîne.

Sans doute le métier du sceptique est-il dur : il constate que la vie s'édifie sur la mort, que le fort opprime le faible et que, contre cette loi, ni le sage, ni le savant ne peuvent rien. Il ne sait même pas endormir sa dou-

(1) Eodem loco, 317.

(2) Port Royal, V, 355.

leur par les illusions de la foi. Au chevet d'une amie qu'il chérit et qui se meurt, il calcule, montre en mains, la durée de l'agonie et c'est tout...

Aussi le sage « trop bien informé » est-il pessimiste. Il n'attend pas la reconnaissance, sachant l'inconstance et la mobilité des sentiments. Il n'a pas non plus l'espoir de survivre par le souvenir qu'il laissera : il n'est « qu'un atome de plus dans cette série immense, innombrable, qui a eu son heure, son jour d'éclosion brillante, son printemps sacré, après quoi viendra le déclin, l'ombre et la nuit ». Réminiscence certaine de Lucrèce, Gassendi, Naudé.

Plus encore que des autres, il se défie de lui-même :

« *Il se rend compte, d'après les lois de l'optique morale, que le cœur humain est un labyrinthe ainsi fait, et avec un écho si bien ménagé, qu'une seule et même voix peut se faire à elle-même la demande et la réponse. Il tient donc ses réponses pour de simples reflets de désirs, des répercussions et des réflexions du même au même* ».

Il se défie aussi de l'éloquence : Le mot simule l'idée. Il examine tout, il se défie de tout...

Et, cependant, le scepticisme de Sainte-Beuve n'est pas stérile, il est fécond. Après avoir « purgé son esprit » le sage n'en continue pas moins à participer à l'avancement de l'espèce, des sciences, à chercher le vrai, en attirant l'attention autant sur les lacunes qu'il laisse, que sur les découvertes qu'il a faites. Il ne prêche pas et garde pour lui son scepticisme et son pessimisme, qui ne doivent pas constituer la base d'une organisation sociale.

Et Sainte-Beuve termine par cet éloquent et poétique contraste. Il oppose le sage dans sa modeste et désespérante simplicité à l'humanité qui n'a pas de demeure assez belle » :

« *Au contraire, l'intérieur de l'esprit et de la pensée de mon savant me paraît fort ressembler à l'intérieur de sa chambre. Cette chambre est mal meublée, ou plutôt très inégalement meublée. Pour la décrire, je voudrais posséder le burin d'un Albert Durer, et rendre l'allégorie sensible aux yeux. A côté d'un fourneau à demi éteint où une expérience s'est faite et a réussi, un autre brûle inutilement et l'expérience, qui a manqué vingt fois, manquera toujours. Un pauvre animal écorché atteste une curiosité physiologique qu'on a satisfaite ; des taches de sang souillent encore le plancher. Des livres, des sphères sont entassés pêle-mêle, non loin d'un télescope braqué sur un espace de ciel assez vaste qui brille d'un froid d'hiver au-dessus des cheminées et des toits. Un manuscrit arabe ou sanscrit, ouvert sur une table, annonce d'érudites recherches inachevées. C'est presque le cabinet d'un Docteur Faust, s'il n'y avait plus de méthode dans l'esprit du maître sans trace de diablerie. Mais ce qui frappe au premier coup d'œil et ce dont ce laboratoire est l'emblème, c'est qu'à côté d'une chose sue, il en est une autre ignorée encore et indéchiffrée, c'est le manque de complet, un effort multiple, incessant, une étude sans trêve et sans terme, et où la vie se consumera. Le lit est d'un spartiate; l'oreiller n'est pas du tout ce doux oreiller du doute sur lequel Montaigne berçait son* « *Que sais-je* ». *Il est au moins à moitié rembourré d'épines. Nous avons affaire à un de ces esprits qui dorment peu et qui, dans leurs veilles comme dans leurs songes, se passent d'être amusés et consolés.* » (1)

*
* *

Le scepticisme de Sainte-Beuve n'avait en soi rien d'agressif envers la religion catholique. Cependant, à maintes reprises, il affirma l'incompatibilité de la science et de l'Eglise.

« *L'Eglise et la science sont deux ennemies, écrivait-il textuellement* » (2).

Pour comprendre cette attitude, il faut se rappeler qu'à cette époque le parti clérical voulait avoir droit de censure sur l'enseignement universitaire. Sainte-Beuve, lancé dans le monde des Renan, des Flaubert, des Ch. Robin, etc..., ne pouvait tolérer cette mise en tutelle. Il lui échappa quelques paroles un peu dures. N'oublions pas qu'elles étaient destinées à des adversaires.

Il n'en reste pas moins vrai que, confiant en l'avenir de la science, il la voyait étouffer dans l'avenir les sentiments religieux.

« *Il y a, dans la masse de la société, des résultats généraux qui viennent de très loin, qui sont le produit de plusieurs siècles de raisonnement, d'analyse et de bon sens émancipé, de morale sécularisée, le produit des découvertes positives en astronomie, en physique, etc...*

---

(1) Voir Nouveaux Lundis, tome IX, pages 100 et suivantes.
(2) Lettre du 24, V, 68. Nouvelle Correspondance, 273.

Tout cela filtre lentement, insensiblement dans les plus épais cerveaux ; ce n'est pas très clarifié ni élaboré, mais c'est très acquis et très fixe. » (1)

Et ces autres morceaux encore plus explicites :

« *Qu'on en gémisse ou non, la foi s'en est allée ; la science, quoi qu'on en dise, la ruine ; il n'y a plus, pour les esprits vigoureux et sensés, nourris d'histoire, armés de critique, studieux des sciences naturelles, il n'y a plus moyen de croire aux vieilles histoires et aux vieilles bibles. Dans cette crise, il n'y a qu'une chose à faire pour ne point languir et croupir en décadence : passer vite et marcher ferme vers un ordre d'idées raisonnables, probablement enchaînées, qui donnent des convictions à défaut de croyances, et qui, tout en laissant aux restes de croyances environnantes toute liberté et toute sécurité, prépare chez les esprits neufs et robustes un point d'appui pour l'avenir. Il se crée lentement une morale à base nouvelle, non moins solide, que par le passé, plus solide même, parce qu'il n'y entrera rien des craintes puériles de l'enfance. Cessons donc le plutôt possible, hommes et femmes, d'être des enfants : ce sera difficile à bien des femmes, direz-vous ; à bien des hommes aussi. Mais, dans l'état de société où nous sommes, le salut et la virilité d'une nation sont là et pas ailleurs. On aura à opter entre le byzantinisme et le vrai progrès...* (2) »

Il accusait encore sa pensée quelques lignes plus loin par les mots suivants :

« *Il y a, selon les uns, une diminution effrayante dans*

---

(1) Nouveaux Lundis, 1, 78-79.
(2) Premiers Lundis, III, 237-238.

les croyances, selon les autres une recrudescence consolante. Prenons garde cependant que, dans le langage officiel, tout le monde fait semblant, fait profession extérieure de croire, tandis que la grande majorité du dehors avance pourtant (bien lentement il est vrai) dans ce qu'on peut appeler le sens commun. Il y a sans doute bien des contre-courants et des remous, mais enfin la marée générale (qu'on s'en félicite ou qu'on le déplore) paraît irrésistiblement monter. Or, quelle est, si on me le demande, la définition du sens commun? Je dirai qu'il ne se définit pas ; mais, s'il le fallait, je le définirais dans sa plus grande généralité, une diminution croissante de la croyance au merveilleux, au surnaturel ou, si vous le voulez, le minimum de croyance au surnaturel. » (1)

Sainte-Beuve avait déjà dit :

« *On n'est jamais parfaitement croyant, si l'on n'est pas un peu crédule* » (2).

Et Voltaire avait dit avant lui : « Lorsque la foi parle, on sait assez que la raison ne doit pas dire un seul mot » (3).

Nous n'avons pas hésité à reproduire tout ce passage d'un discours de Sainte-Beuve. Non seulement il précise ses idées sur les rapports de la science et de la religion, mais encore il proclame que son impiété a pris ses sources dans son éducation médicale.

---

(1) Eodem loco, 286.
(2) Port Royal, IV, 550.
(3) Dictionnaire philosophique, article « Miracles ».

Avec lui nous sommes obligé de constater que ses études scientifiques l'avaient conduit, sinon au matérialisme ou à l'athéisme, du moins à l'impiété et au scepticisme le plus complet. Une semblable évolution s'observe chez un assez grand nombre de médecins et surtout de jeunes étudiants. Sainte-Beuve disait lui-même: « *Les médecins sont sujets à être matérialistes, et les astronomes à être athées. C'est que les premiers ont continuellement sous les yeux le cerveau de l'homme, tandis que les autres n'aperçoivent nulle part le cerveau du monde.* »

M. Maurice de Fleury explique cette tendance si fréquente, quoi qu'on en dise, par le penchant que nous avons à appliquer dans tous les domaines les méthodes que nous utilisons dans l'observation des phénomènes biologiques : « Pour un croyant, la foi est préadmise et parfaitement intangible, la vérité venant de la révélation ».

« *C'est la méthode absolument inverse, poursuit l'éminent psychiatre, qui nous conduit dans la recherche de nos vérités accessibles. La nature ne se révèle pas à nous spontanément ; elle est jalouse de ses secrets. En présence d'un phénomène où mord notre curiosité, le besoin s'empare de nous d'en mettre à jour le mécanisme, de le saisir, de le comprendre, de l'asservir s'il est propice, de le combattre s'il est pour l'homme un mal. Une idée s'offre à notre imagination créatrice. Elle n'est rien qui vaille que comme instigatrice, comme provocatrice d'expériences impartiales, qui vont vérifier notre hypothèse ou la rejeter au néant. Son idée préconçue, le chercheur, eut-il du génie, ne doit pas la chérir ni la défendre dans son orgueil ; elle est sa fille, aimable Iphigénie qu'il lui faudra savoir immoler ; la théorie présomptueuse devra s'humilier devant le fait acquis ...»* (1)

Or, si nous nous avisons d'aborder l'inconnaissable armé de ces mêmes principes, et beaucoup d'entre nous ne peuvent s'en empêcher, nous nous acheminons, par la voie la plus courte et la plus sure, à l'impiété.

M. de Fleury invoque un argument d'un autre ordre, que nous ne passerons pas sous silence. Les considérations qu'il développe ont exercé une influence évidente sur l'esprit de Sainte-Beuve: Plus que tout autre le médecin, mêlé aux souffrances, aux injustices sociales, perd insensiblement la notion obscurcie de Providence.

« *Quotidiennement mêlé aux souffrances humaines, las parfois de lutter contre l'impitoyable et de vainement espérer le miracle, nous ne sommes pas sans excuses de trouver par trop insondables des desseins au premier abord si aveugles* » (2).

Enfin le médecin voit reculer chaque jour ces limites qu'on avait autrefois assignées à la biologie ; et, trop souvent, tandis que la science fait rentrer chaque jour plus de phénomènes jusque-là mystérieux dans l'ordre des choses naturelles, souvent il voit la religion rester en arrière, en contradiction flagrante avec ces progrès incessants. Pour peu, qu'il n'ait pas fortement enraciné dans son âme la foi qui résiste à toute démonstration, il se réfugie dans le scepticisme critique.

---

(1) Maurice de Fleury : Le Médecin. Collection « Les Caractères ».

(2) Eodem loco.

Le scepticisme de Sainte-Beuve n'effarouchera personne : Il est strictement personnel.

« *Il est loin de ma pensée de jamais détourner personne d'une autre voie, se plaisait-il à dire, et de me faire prêcheur* » (1).

Au contraire, il comprenait avec une rare perspicacité et même avec une réelle sympathie les sentiments religieux les plus élevés. Il n'exigeait pas des savants qu'ils abandonnassent, comme lui, leurs croyances. N'avait-il pas en haute estime les trois grands génies de son siècle, Laennec, Pasteur et Claude Bernard. Or, les deux premiers étaient catholiques et pratiquants. Mais les uns et les autres, mettant leurs théories à la porte, appliquèrent dans leurs recherches les méthodes positives les plus rigoureuses.

Pous nous résumer, Sainte-Beuve, élevé religieusement, se rapprocha du positivisme et perdit la foi de son enfance, du fait de ses études médicales. Mais il n'était pas sectaire et comprenait que d'autres, plus heureux, puissent à la fois être d'excellents observateurs et des âmes convaincues. Il exigeait seulement, et personne ne le lui reprochera, que l'un et l'autre restent toujours séparés par une cloison étanche.

(1) Choisy, Op. Cit., 158.

CHAPITRE IV

Retentissement sur ses facultés intellectuelles et sa méthode de critique littéraire.

a) Considérations générales.

SOMMAIRE. — Sainte-Beuve résolut d'appliquer dans la critique littéraire la méthode scientifique et de remonter de l'œuvre à l'homme, avant de porter un jugement.

Dans ce but, il se livra à de minutieuses enquêtes, psycho-pathologiques, psychologiques et médicales.

Ces enquêtes brillent par l'exactitude de l'observation ; par contre leur auteur s'y révèle incapable de vastes efforts de généralisation et de synthèse. Pourquoi ?

Comme tout étudiant, Joseph Delorme avait appris sur les bancs de l'École de médecine et dans les services hospitaliers ce qu'ont toujours appris les carabins de tous les temps. Non seulement sa vie affective s'y était éduquée, ses convictions religieuses avaient flanché, mais surtout son esprit gardait le sceau de la discipline scientifique. Ces études avaient développé chez lui les qualités d'observation ; elles avaient affiné son jugement;

elles avaient enfin singulièrement aiguisé le sens critique que lui avait légué l'hérédité paternelle. Comme le médecin avisé qui se garde de porter un diagnostic sans l'examen approfondi d'un malade, il ne pouvait émettre un jugement littéraire sans s'être informé au préalable des circonstances dans lesquelles l'œuvre avait vu le jour.

Ainsi fut-il conduit, par le jeu naturel de son évolution à étayer sa critique littéraire sur le principe suivant : Il est indispensable pour comprendre ou, mieux, pour goûter une œuvre d'art en général, littéraire en particulier, de connaître la personnalité de son créateur (1). Il résumait son programme en ces quelques mots :

« *Mettre l'auditoire au point de vue, faire connaître en peu de mots l'auteur dont il va dire quelque chose, montrer cet auteur en place dans son siècle* » (2).

Ainsi comprise, la critique Beuvienne devait trouver son application la plus directe dans l'explication par la médecine et la physiologie de certaines productions littéraires, liées d'une façon évidente à certains troubles

---

(1) La littérature, la production littéraire, n'est point pour moi distincte ou du moins séparable du reste de l'homme et de l'organisation, je puis goûter une œuvre, mais il m'est difficile de la juger indépendamment de la connaissance de l'homme même ; et je dirais volontiers : tel arbre, tel fruit. L'étude littéraire me mène ainsi tout naturellement à l'étude morale. » (Nouveaux Lundis, III, 15).

(2) Lundis, I, 279 et dans les Portraits contemporains: « Préparer à la lecture de notre auteur, c'est là en général, dans les essais que nous esquissons, et ce serait dans celui-ci en particulier, notre plus entière récompense » (I, 331).

morbides définis. Aujourd'hui, la liaison n'est mise en doute par personne : Qui d'entre nous n'admet que l'œuvre de Rousseau est incompréhensible pour un lecteur ignorant le délire de persécution qui accablait le malheureux Jean-Jacques ? Depuis que nous sommes familiarisé, à la suite de nombreux travaux plus ou moins récents, avec les troubles variés qu'éprouvèrent Baudelaire, Maupassant, Gérard de Nerval, Verlaine, Rimbaud, Destoiewsky, Rollinat, Strindberg et bien d'autres, certaines pages de tous ces hommes célèbres s'éclairent à nos yeux décillés d'un jour nouveau. Sachant la vie douloureuse de l'homme, nous « sentons » les états d'âme de l'écrivain. Ces notices explicatives, telles que les a définies Sainte-Beuve, « où la biographie de l'homme empiète, aussi loin qu'elle le peut, sur le jugement littéraire » (1), « cette espèce de genre intermédiaire, qui, en allant au-delà du livre, touche à des sensibilités mystérieuses, inégales, non encore sondées » (2), ne choquent aucune susceptibilité, n'étonnent personne.

Mais, vers 1850, on n'avait jamais osé entreprendre pareille tâche. Il avait annoncé son désir de faire « de nombreuses autopsies d'âmes toutes vivantes » (3) ; on pourrait fort bien lui appliquer cette comparaison qu'il réserva à un autre :

« *Il entama, pour la première fois, cette ouverture impitoyable des âmes, qui le fait ressembler à un loup qui serait entré dans la bergerie* » (4).

---

(1) Portraits contemporains, I, 60.
(2) Ibidem.
(3) Proudhon, p. 56, et Lundis, II, 443.
(4) Lundis, III, 285.

Ou encore :

« *On dirait d'un Hippocrate au chevet d'un malade mourant, qui étudie chaque symptôme, chaque crispation de la face* » (1)

Les Lundis et les Nouveaux Lundis contiennent, en effet, de nombreux compte-rendus d'autopsie, que nous n'analyserons pas pour l'instant ; rappelons simplement que l'exposé des cas de Rousseau et de Bernardin de Saint-Pierre occupent une place d'honneur dans ces volumes, à côté des observations de Don Quichotte, patron des paranoïaques réformateurs, de Ballanche, de Sénancour, de W. Cowper, et des nombreuses victimes du mal de René. Le peintre Léopold Robert n'a pas été épargné par l'indiscret scalpel. Sainte-Beuve a bien été le plus habile « accoucheur des esprits », pour employer le mot de Janin, ou, comme le proclamait Flaubert, « le plus grand prosecteur de l'amphithéâtre littéraire ».

Il ne fut pas seulement en effet un anatomo-pathologiste de première valeur ; il fut, plus généralement, un anatomiste scrutant l'âme et le corps de tous les personnages qu'il étudiait. « Tout individu, répétait-il, de face ou de profil (2), se réfléchit dans ses œuvres » ; et nous ne jugerons équitablement celles-ci qu'en connaissant à fond, l'état d'âme de leur créateur, son hygiène, sa physiologie, son hérédité, son psychisme... (3) Et le

(1) Lundis, III, 287.

(2) « La vie de Béranger, dit-il par exemple, se lit tout entière dans ses chansons ». (Portraits contemporains, I, 85).

(3) Il intitule ainsi la première partie de son étude sur Catinat: Etude sur Catinat: Naissance-Famille et Race-Apprentissage-Qualités. Premiers emplois » (Nouveaux Lundis, VIII, 392). Voir aussi d'innombrables passages in Nouveaux Lundis, VIII, 67-68 ; Proudhon, 304, Choisy, Sainte-Beuve, 221, etc.

triomphe de la critique littéraire est précisément cette faculté de métamorphose (1), que nous donne cette méthode et qui nous permet de nous mettre à la place de l'auteur, de comprendre avec son esprit, de sentir avec son cœur. Aussi Sainte-Beuve nous a-t-il laissé, emmêlé de remarques purement littéraires, un immense fichier médical. Lui-même n'avouait-il pas que « sous sa plume, la critique d'un écrivain courait toujours le risque de devenir une légère dissection anatomique » ? (2) Les pages suivantes nous montreront que le risque était sérieux.

A vrai dire, Sainte-Beuve se contenta de composer des fiches. Il hasarda rarement des diagnostics. Les fiches elles-mêmes demeurèrent éparses et ne furent jamais classées. Sa critique, un peu chaotique, est peu concluante, encore moins généralisatrice. Et, cependant, puisqu'il se réclamait de notre art, ce dernier ne comporte-t-il pas plus qu'un enregistrement passif de symptômes ? Il suppose deux mouvements successifs de l'esprit : analyse et synthèse. Après avoir observé les signes d'une maladie, nous les comparons, nous les unissons, et nous classons notre malade dans un cadre nosologique bien déterminé. Nous lui assignons une place définie dans un groupe, dans une famille.

Sainte-Beuve aurait aimé, lui aussi, trier ses personnages et les classer dans des « familles d'esprits ».

---

(1) « .... Il avait au plus haut degré cette faculté de demi-métamorphose, qui est le jeu et le triomphe de la critique, et que consiste à se mettre à la place de l'auteur et au point de vue du sujet qu'on examine, à lire tout écrit selon l'esprit qui l'a dicté ». (Lundis, III, 301).

(2) Portraits contemporains, I, 260.

N'a-t-il pas répété qu'il aurait voulu « être en histoire littéraire un disciple de Bacon » (1) ; et savoir « reconnaître dans les grands écrivains, leur diversité, leur parenté, leurs signes éminemment distinctifs, former des groupes, répandre enfin dans cette infinie variété de la biographie littéraire quelque chose de la vue lumineuse et de l'ordre qui préside à la distribution des familles naturelles en botanique et en zoographie » (2) ? Malheureusement il ne lui fut pas donné d'y parvenir. Il était le premier à s'en apercevoir.

« *Je m'applique à étudier la nature sous bien des formes vivantes, disait-il ; de l'une de ces formes étudiée et connue, je passe à l'autre, et je suis, non pas un rhéteur se jouant aux surfaces et aux images, mais une espèce de naturaliste des esprits, tâchant de comprendre et de décrire le plus de groupes possible, en vue d'une science générale qu'il appartiendra à d'autres d'organiser ; j'avoue qu'en mes jours de grand sérieux c'est là ma prétention.* » (3)

Il développait ailleurs son idée et prévoyait les difficultés que rencontreraient ses successeurs pour établir la fameuse classification des familles d'esprits :

« *Un jour viendra, que je crois avoir entrevu dans le cours de mes observations, un jour où la science sera constituée, où les grandes-familles d'esprits et leurs principales divisions seront déterminées et connues. Alors, le principal caractère d'un esprit étant donné, on pourra en déduire plusieurs autres. Pour l'homme, sans doute,*

(1) Mes Poisons, p. 121.
(2) Nouveaux Lundis, IX, 80.
(3) Port-Royal, II, 514.

on ne pourra jamais faire exactement comme pour les animaux ou pour les plantes, l'homme moral est plus complexe ; il a ce qu'on nomme liberté, et qui, dans tous les cas, suppose une grande mobilité de combinaisons possibles. Quoi qu'il en soit, on arrivera avec le temps, j'imagine, à constituer plus largement la science du moraliste ; elle en est aujourd'hui au point où la botanique en était avant Jussieu, et l'anatomie comparée avant Cuvier : à l'état pour ainsi dire anecdotique ; nous amassons des observations de détail ; mais j'entrevois des liens, des rapports et un esprit plus étendu, plus lumineux, et resté fin dans le détail, pourra découvrir un jour les grandes divisions naturelles qui répondent aux familles d'esprits. Mais, même quand la science des esprits serait organisée comme on peut de loin le concevoir, elle serait toujours si délicate et si mobile qu'elle n'existerait que pour ceux qui ont un talent naturel et un talent d'observer : ce serait toujours un art qui demanderait un artiste habile, comme la médecine exige le tact médical dans celui qui l'exerce.... » (1)

En effet, il s'en tint à l' « histoire anecdotique des esprits », à la description des symptômes (2). Sans doute comparaît-il entre eux ses modèles, ses malades. Mais il n'osait aller plus avant. Une critique scientifique, telle

(1) Nouveaux Lundis, III, 16-17.

(2) « Le moraliste a une faculté et un goût d'observer les choses et les caractères, de les prendre par n'importe quel bout selon qu'ils se présentent, et de les pénétrer, de les approfondir. Pour lui, pas de théories générales ni de système ou de méthode ; la curiosité pratique le dirige, il en est pour ainsi dire à la botanique d'avant Jussieu, d'avant Linné, à la botanique de Jean-Jacques » (Portraits de Femmes, 215).

qu'il l'avait rêvée serait moins timide de nos jours, encore qu'une véritable science des esprits soit encore à peine ébauchée. (1)

Cette excroissance du sens critique n'est-elle pas un grave défaut ? S'en serait-il accommodé s'il avait été médecin ? Que penserions-nous d'un médecin qui, tel Sainte-Beuve, au chevet d'un malade noterait le moindre symptôme, puis s'en irait sans avoir fait l'effort de généralisation nécessaire pour poser un diagnostic, prévoir l'évolution, fixer une indication thérapeutique? L'art médical consiste autant à faire le tri, la discrimination des symptômes, leur classement, qu'à les enregistrer, et nous ne doutons pas qu'un tel praticien serait aujourd'hui ridicule. Mais gardons-nous de commettre un anachronisme.

Souvenons-nous que le début du XIXe siècle avait vu éclore, grandir et mourir tant d'essais de systématisation, tant de doctrines médicales depuis le vitalisme de Bichat jusqu'à la médecine physiologique de Broussais, champion de l'inflammation, de la gastrite et de la saignée, que le scepticisme critique était une réaction naturelle des esprits avisés en regard de l'incertitude de ces théories.

Ballotés de tous côtés, tant au point de vue politique, que religieux ou scientifique, ils avaient conservé une méfiance extrême envers les systèmes généralisateurs ; les découvertes scientifiques, aussi bien que les innovations

---

(1) Ainsi : « .... Nous touchons là, aux antipathies qui séparent nettement deux races d'esprits : ceux qui préfèrent le naturel à tout, même au distingué, et ceux qui préfèrent le délicat à tout, même au naturel ». (Lundis, II, 372).

littéraires, se firent en champs clos, dans des compartiments étanches, avant que les généralisations fussent tentées. Laennec établit d'abord les rapports du symptôme et de la liaison ; les allemands découvrirent la cellule ; puis l'on connut, avec Virchow, la pathologie cellulaire; mais tout cela était encore bien parcellaire. Il fallut attendre Claude Bernard et Pasteur pour que de nouvelles et plus solides généralisations vinssent remembrer les sciences biologiques. Dès lors, on pouvait non seulement rapprocher toutes les maladies d'un même organe, mais toutes celles relevant d'une même cause, etc... La médecine contemporaine était fondée, et avait le droit de conclure.

En d'autres termes, en 1825, quand Sainte-Beuve étudiait la médecine, le scepticisme médical était une vertu et il était prudent qu'un médecin tînt les propos d'Andral, champion de l'éclectisme, et se contentât d'analyser et d'observer. (1)

Tel fut le cas de Sainte-Beuve en critique littéraire. Il a peint ses portraits par petites touches superposées ou juxtaposées, dressé l'inventaire des symptômes sans les coordonner. Il rappelle un peu le jeune étudiant que le maître envoie au chevet du malade pour qu'il observe les signes, mais non pour poser le diagnostic.

Dans le présent chapitre, nous étudierons d'abord sa technique d'information. Comment se documentait-il ? Sur quelles bases étayait-il ses jugements ? Comment

---

(1) Voir Boinet : Les doctrines médicales et leur évolution. Flammarion s. d. p., 82-99.

éliminait-il les causes d'erreurs ? Ce n'était pas la moindre innovation que cette tentative d'objectivation de la critique. Il préparait ses articles, se défiant de lui-même, comme Claude Bernard préparait ses expériences physiologiques, sans cesse en garde contre sa propre imagination.

Puis, l'analyse des observations Beuviennes nous montrera la perspicacité de l'observateur que l'éducation scientifique avait admirablement façonnée.

Enfin, nous constaterons que le « naturaliste des esprits » a manqué son but et qu'il n'a pas créé cette science de familles morales, qu'il avait entrevue en songe.

---

b) Les sources de Sainte-Beuve. Sa technique d'information.

SOMMAIRE. — **Position du problème : les écueils à éviter :**
a) S'il s'agit d'un contemporain, la partialité ;
b) S'il s'agit d'un auteur ancien : la déformation historique.

Quelles sources faut-il accepter ?
a) Les témoignages contemporains, hostiles ou favorables ;
b) Les œuvres mêmes de l'auteur. surtout celles qu'il n'écrivit pas pour le public ;
c) Les œuvres manuscrites ; Sainte-Beuve graphologue ;
d) Consultation des pièces officielles, des spécialistes, en particulier des médecins. Le souci qu'avait Sainte-Beuve du détail médical.

D'innombrables travaux nous ont aujourd'hui révélé la vie privée des grands hommes. Les biographies, romancées ou non, donnent au lecteur le moins averti la possibilité de vivre dans leur intimité. Manié de main de Maître par le Docteur Cabanès, le diagnostic rétrospectif a mis à nu leurs infirmités douloureuses.

Mais, lorsque Sainte-Beuve entreprit sa tâche, il ne disposait pas d'aussi précieux documents. Personne ne s'était avant lui soucié d'écrire sans y mêler le blâme ou la louange, l'histoire vraie de tous ces personnages illustres. Peindre un portrait réel, c'était alors un véritable problème, presque une énigme. S'agissait-il d'un contemporain, le lundiste devait à sa méthode d'éviter autant la partialité hostile que la timidité affectueuse. Aussi a-t-il plus souvent disséqué les morts que les vivants.

Vis à vis de ces derniers, il se sentait plus à l'aise.

Mais à quelles sources puiser les éléments de ses observations ? Le plus commode eut été, certes, de s'en remettre aux ouvrages précédents, et de reproduire à son tour ces portraits littéraires, antiques et traditionnels, que les générations successives s'étaient légués et avaient acceptés sans y changer un terme. Sainte-Beuve savait que, ce faisant, son scalpel risquait de s'égarer ; il rompit avec la tradition.

Faisant table rase de ces informations lointaines et posthumes, il érigea en principe la nécessité de juger un homme avec et par le moyen de ses contemporains. Ainsi il avait des chances d'éliminer un grand nombre de causes d'erreurs :

« *Rien n'égale à mes yeux, disait-il, le prix des témoignages contemporains* » (1)

Il les recueillait tous, en effet, quels qu'ils fussent, hostiles ou favorables. Des uns et des autres, il tirait des indications également précieuses. Il recherchait et retrouvait plus aisément chez l'élève, l'admirateur, le disciple, une manière d'être ou de penser, de sentir ou d'agir, qui n'apparaissait point nettement chez le maître :

« *On peut étudier les talents, écrivait-il, dans leurs disciples et leurs admirateurs naturels... Les affinités se déclarent librement ou se trahissent. Le génie est un roi qui crée son peuple... Les admirateurs sont un peu des complices : ils s'adorent eux-mêmes, qualités et défauts, dans leur grand représentant. Dis-moi qui t'admire et qui t'aime, et je te dirai qui tu es.* » (2)

(1) Nouveaux Lundis, X, 14.
(2) Nouveaux Lundis, III, 30.

Et, développant son idée, il poursuivait, justifiant son opinion par des exemples :

« *Le disciple charge ou parodie le maître sans s'en douter : dans les écoles pittoresques et crues, il le force, il l'accuse à l'excès, il l'exagère : c'est un miroir grossissant. Il y a des jours, quand le disciple est chaud et sincère, où l'on se tromperait vraiment, et l'on serait tenté de s'écrier en parodiant l'épigramme antique :* « *O Chateaubriand ! O Salvandy ! lequel des deux a imité l'autre ?* » *Changez les noms et mettez-en de plus modernes, si vous voulez: l'épigramme est éternelle. Quand le maître se néglige et quand le disciple se soigne et s'endimanche, ils se ressemblent ; les jours où Chateaubriand fait mal et où Salvandy fait de son mieux, ils ont un faux air l'un de l'autre ; d'un peu loin, par derrière et au clair de lune, c'est à s'y méprendre.* » (1)

D'autres disciples, au contraire, loin d'être compromettants, rassurent et « cautionnent le maître ». Littré, par exemple, a élucidé et perfectionné Auguste Comte (2). D'où la nécessité de contre-juger les esprits par leurs innimitiés naturelles. Sainte-Beuve ne l'oubliait jamais. C'était en somme confirmer le diagnostic positif, en discutant le diagnostic différentiel (3).

Ces recherches immédiates ne nous donneront qu'un début d'information, prélude d'une enquête plus minutieuse ; car il importe d'aller ensuite aux sources premières, c'est-à-dire aux œuvres de l'auteur lui-même.

---

(1) Nouveaux Lundis, III, 31.

(2) Nouveaux Lundis, III, 31.

(3) Voir à propos de Richerand première partie, chapitre IV, Nouveaux Lundis, III 32.

Souvent l'écrivain se reflète si bien dans ses livres que sa physionomie s'en dégagera d'elle-même. C'est pour cette raison qu'il émaillait si volontiers ses articles de citations. Au début de son Proudhon, il nous prévient, qu' « ayant principalement dessein de faire connaître l'homme, en Proudhon, c'est avec des citations qu'il compte surtout procéder : Proudhon se peindra ainsi à nous dans toute sa vérité et dans son habitude même » (1).

Encore, dans les œuvres d'un auteur, y a-t-il lieu de faire une distinction fondamentale entre celles qu'il composa et médita pour le public, pour la postérité, et celles qu'il traça d'une plume abandonnée pour lui ou pour son entourage particulier. Ces dernières constituent des documents de choix, de « véritables pièces d'anatomie morale » (2), des tests dirions-nous aujourd'hui (3), et Sainte-Beuve les recherchait avidement. Il avait fait sienne cette maxime de Victor Cousin :

« *Au fond, il n'y a de véridique, si quelque chose l'est entièrement, que les correspondances intimes et confidentielles ; les mémoires eux-mêmes sont toujours destinés au public, et ce regard au public, même le plus lointain, gâte tout ; on s'y défend, ou on attaque, on*

---

(1) Proudhon, p. 7.

(2) Nouveaux Lundis, III, page II.

(3) Autre test, que la manière de voyager d'un homme et que Sainte-Beuve ne néglige pas. Lire à ce sujet le beau parallèle entre les deux immortels voyageurs que furent Montaigne et Chateaubriand dans le tome II des Nouveaux Lundis (169) l'un voyageur philosophe, l'autre voyageur par ennui.

se compose un personnage, on pense à soi, on ment » (1).

Aussi souvent qu'il le pourra, il se procurera, pour approcher plus près son modèle, quelques manuscrits, originaux. Car, sans rien exagérer, le Lundiste était, à ses heures, graphologue. Les deux citations suivantes en font foi :

« *L'écriture même de Proudhon, remarque-t-il ici, pleine, égale, lisible, même aux endroits fatigués, ne trahit aucune précipitation, aucune hâte d'en finir. Chaque ligne en est exacte : rien n'est laissé au hasard ; la ponctuation, très correcte, un peu forte, un peu marquée, indique, avec précision et distinction de nuances, tous les chaînons du raisonnement.* » (2)

Et ailleurs :

« *Une remarque matérielle, et qui n'est pas vaine, vient à l'appui : le caractère de son écriture. Pas une hésitation, pas une fatigue, jamais un jambage qui bronche. Il l'a aussi ferme et aussi distincte que Lamennais, à qui l'on disait : « Vous écrivez comme vous concevez, nettement.* » (3)

Ces recherches ne dispensaient pas Sainte-Beuve des démarches usuelles auprès des techniciens ou des archivistes, pour peu qu'un petit détail biographique lui parût obscur. Il quémandait, à l'occasion, l'avis des spécialistes les plus autorisés, de la famille, des descendants. Chaque feuilleton exigeait un énorme labeur et souvent une correspondance considérable, tant était im-

(1) Chroniques Parisiennes, 477.
(2) Proudhon, 277-278.
(3) Nouveaux Lundis, I, 111-112.

périeux, chez lui, le besoin d'exactitude. Le passage suivant en donnera une idée suffisante :

« *Je ne me suis pas contenté de lire le volume fort bien fait de M. Nicolas, je me suis adressé à lui-même pour avoir les moyens, à mon tour, de remonter directement aux sources ; j'ai questionné par lettre des membres de la famille de Jean Bon qui avaient gardé des récits de tradition orale ; j'ai reçu de Montauban la communication de pièces originales et rares, difficiles à retrouver. J'ai obtenu enfin du savant Directeur des Archives de l'Empire, M. de Laborde, l'autorisation de faire dépouiller sa correspondance administrative... Voilà, va-t-on dire, bien de l'appareil et des préparations pour de simples articles. Mais quand une idée nous a une fois saisis, nous autres gens de pensée et de caprice, elle nous mène plus loin souvent que nous ne voudrions, elle nous tient et nous obsède jusqu'à ce que nous l'ayons conduite à bonne fin et mise à jour.* » (1)

Sainte-Beuve frappait ainsi à toutes les portes, plus souvent encore qu'à celles des archivistes, à celles des médecins où le poussaient et ses amitiés et le goût qu'il avait gardé du détail médical. Le vieil étudiant ne pouvait dépouiller sa robe et souvent la curiosité clinique le reprenait à son insu... Il consacra un jour quarante grandes pages au peintre Léopold Robert. Dès le début il prenait la précaution d'avertir le lecteur qu'il ne traiterait pas la question toute médicale de la mort de Robert. Celle-ci, en effet, était survenue prématurément

(1) Nouveaux Lundis, VIII, 140-141.

et dans des circonstances troublantes (1) ; plusieurs hypothèses ayant été émises, et différents biographes avaient parlé les uns de suicide par aliénation mentale, les autres de désespoir amoureux, etc... Pendant les vingt premières pages, Sainte-Beuve, fidèle à sa promesse, n'en soufflait mot, si ce n'est à la fin du premier feuilleton, pour terminer en affirmant qu'il ne parlera pas davantage du prétendu suicide dans son prochain article. Mais le Lundi suivant il oubliait ses bonnes résolutions, formulait lui-même une théorie, tenant pour un suicide par trouble mental, signalait les tares héréditaires du malheureux artiste, invoquait à l'appui des lettres privées, accumulait note sur note et ne tenait au lecteur ni paix ni trêve qu'il n'ait déniché un petit opuscule vérifiant son diagnostic (2).

Cet exemple a été choisi parmi beaucoup d'autres. Nous ne nous étonnerons pas de trouver ailleurs cette

---

(1) Mort à 39 ans en 1835. Son frère s'était déjà suicidé 10 ans auparavant. D'après Sainte-Beuve, il aurait fait « comme beaucoup d'artistes arrivés au terme » du délire d'incapacité. Delécluze voyait dans son suicide, un désespoir amoureux (Robert aurait été épris de la Princesse Bonaparte).

(2) « Il est indispensable, disait-il, pour se faire une idée tout à fait juste du caractère et de la destinée de Leopold Robert, de lire un petit écrit intitulé : « L. Robert par Berthoud. Neufchatel 1869. » Le suicide de Robert y est ramené à ses vraies causes : un de ses frères s'était tué en 1825. Lui-même avait accueilli et nourri de bonne heure cette malheureuse pensée d'une mort volontaire. Plus d'une circonstance accessoire put donner de la force chez lui à cette idée principale qui vers la fin était devenue une idée fixe. L'attachement pour la princesse ne peut être considéré comme la raison déterminante d'une mélancolie qui avait ses racines dans l'organisation même » (Lundis, X, 426 et seq.)

remarque qui, en apparence, importe peu au littérateur :

« *Je tiens à être exact : on me dit que Berlin l'aîné n'a jamais eu la goutte ; le fait est qu'il semblait l'avoir par sa lenteur et sa lourdeur de jambes, qui n'étaient dans ce cas là, que la difficulté de marcher d'un homme gros et puissant.* » (1)

Un autre jour, il s'enquerrait auprès de l'un de ses correspondants de la mort de Camille Jourdan (2). Autre part, nous le trouvons vivement intrigué par un article proclamant l'impuissance de Louis XVI :

« *J'aimerais bien, disait-il, qu'on en vînt une bonne fois, et fut-ce dans un journal de médecine, aux preuves et aux arguments qui peuvent en finir avec cette question. S'il y avait quelque procès-verbal d'opération, ce serait décisif.* » (3)

Quand Sainte-Beuve avait ainsi réuni cette longue suite de documents et quand il les avait passés tous au crible, tel le médecin rejetant tous les procédés d'investigation incertains et infidèles, la tâche devenait possible. Ses observations se dressaient d'elles-mêmes, objectivées par ces recherches préalables.

---

(1) Nouveaux Lundis, III, 223.

(2) Il écrit le 17, II, 1868 : « Sur la maladie qui a enlevé Camille Jourdan, je dis que c'était un mal de poitrine, et je ne puis me rappeler si j'y ai été autorisé par quelque témoignage direct, ou si c'est seulement des souvenirs ou par induction que j'ai désormais à vous demander une réponse ». Le lendemain : « la seule chose qui m'importe pour le moment, c'est la maladie de poitrine ». (Correspondance, II, 257.)

(3) Nouveaux Lundis. IX, 344.

c) Analyse des observations Beuviennes Le génie de l'observation.

Sommaire. — 1° **Antécédents héréditaires** : Hérédité paternelle et maternelle, collatérale ; atavisme et hérédité croisée.

2° **Antécédents personnels** : Influence du milieu et des circonstances ayant entouré la naissance, l'enfance, l'adolescence.

3° **Constitution physique** : Utilité de la connaitre : hygiène, aspect physique, tempérament, âge, etc.

Troubles morbides qui souvent éclairent l'œuvre. Influence particulière des diathèses sur la production littéraire.

4° **Constitution psychique** ; Utilité de définir surtout la personnalité affective que reflètent plus directement nos écrits. Le questionnaire que Sainte-Beuve faisait subir à chacun de ses personnages.

A plus forte raison, s'il y a lieu, faut-il analyser les troubles psychiques. Les maladies de Rousseau, W. Cooper, B. de Saint-Pierre, la maladie de René, etc. ont retenu son attention.

Sans doute serait-il téméraire de présenter les « Lundis » ou les « Nouveaux Lundis » comme des modèles d'observations scientifiques. Tel n'est pas notre but. Sainte-Beuve ne suivait pas un plan défini et se laissait doucement conduire par son sujet. Un médecin est tenu à une méthode plus rigoureuse. Mais, nous voudrions montrer, dans les lignes suivantes, qu'il serait possible, comme l'a fait le Docteur Voizard, de construire une observation en utilisant seulement les éléments symptomatiques recueillis par Sainte-Beuve : Il suffit de mettre un peu d'ordre.

*

* *

Sainte-Beuve, nous l'avons vu, attachait la plus grande importance à l'étude de *l'hérédité*. Tout individu hérite d'abord directement de ses parents, de son père et de sa mère.

La plupart du temps, les parts sont inégales ; et l'hérédité inverse les sexes. Sainte-Beuve admettait qu en principe les fils illustres ressemblent à leur mère (1). Il en appelait à Hugo, Lamartine (2) et autrefois Villon (3). De même, le Régent portait en lui un ennui originel, puisé au ventre de sa mère (4).

Inversement, les filles ressemblent au père. Sainte-Beuve se servit de cette loi naturelle pour lancer contre l'honneur de Madame Hugo des affirmations fielleuses (5).

Il savait cependant les nombreuses exceptions que comporte ce schéma. Quelquefois l'inversion ne se produit pas.

---

(1) « ..... loi si fréquemment vérifiée qui veut que les fils de génie tiennent étroitement de leur mère .... » Portraits Contemporains, II, 64.

(2) Loc. cit. 65.

(3) Lundis, XIV, 286.

(4) Portraits contemporains, I, 25.

(5) Dans les vers suivants où il laisse entendre que l'une des filles de Hugo lui ressemble :

« Cette Léopoldine est fille des Césars !
Elle attire, elle impose ; elle est fine, elle est belle ;
Mais c'est Lui, surtout Lui que sa lèvre rappelle ;
Le dédain, à demi, sous la grâce, aiguisé,
Dit assez l'âpre veine où son sang fut puisé.
Or, toi venue après, et quand pâlit la flamme,
Quand ta mère à son tour, déployant sa belle âme,
Tempérait dans son sein les fureurs du lion,
Quand, moi-même, apparu sur un vague rayon,
Comme un astre plus doux aux heures avancées,
Je nageais chaque soir en ses tièdes pensées,
O toi, venue alors, Enfant, toi, je te vois,
Pure et tenant pourtant quelque chose de moi. »

Il était bien placé pour savoir que le fils peut hériter de son père. Il reconnaissait que sa mère ne lui avait transmis qu' « un fond de constitution solide, saine, avec un coin de fermeté critique », tandis qu'il tenait la plupart de ses tendances intellectuelles du côté paternel (1). Son cas n'était pas isolé, il en décrit maints autres.

Villars tenait son esprit, son humeur romanesque de son père, qui aimait se donner des airs de héros et qu'on avait surnommé Orondate (2). Le père du poète Jasmin. qui, bien qu'illettré, composait des couplets burlesques, transmit sans doute à son fils le sens de l'harmonie. « Voilà une filiation poétique tout aussi bien établie que celle des deux Marot », ajoutait Sainte-Beuve (3). Jean Jacques Ampère, fils du savant, transposa en littérature « cette sagacité investigatrice des origines et des causes dont son noble père avait fourni de si hautes preuves dans un autre ordre de vérité » (4).

Il arrive aussi, quoique plus rarement, que la fille ressemble à sa mère. Ainsi Madame Amable Tastu, qui dès l'âge de quatre ans avait le sens du rythme et de la cadence poétique, dont l'oreille était si délicate, devait cette vocation à sa mère qui « avait une faculté poétique naturelle remarquablement élevée » (5).

L'utilité des précédentes recherches est double ; leurs indications sont réversibles et si la connaissance des parents permet de mieux retracer la physionomie des en-

---

(1) Voir chapitre I de la première partie.
(2) Lundis, XIII, 44.
(3) Portraits contemporains, II, 53.
(4) Portraits contemporains, 284-285.
(5) Portraits contemporains, I, 393-394.

fants, celle de ces derniers éclaire utilement le portrait du père ou de la mère.

Ainsi pour Madame de Sévigné :

« *Madame de Sévigné, je l'ai dit plus d'une fois, semble s'être dédoublée dans ses deux enfants, le chevalier, léger, étourdi, ayant la grâce, et Mme de Grignan, intelligente, mais un peu froide, ayant pris pour elle la raison. Leur mère avait tout ; on ne lui conteste pas la grâce, mais à ceux qui voudraient lui refuser le sérieux et la raison, il n'est pas mal d'avoir à montrer Mme de Grignan, c'est-à-dire la raison toute seule sur le grand pied et dans toute sa pompe. Avec ce que l'on trouve dans les écrits, celà aide et celà guide* » (1).

Sainte-Beuve admettait aussi, nous le savons, les influences maternelles sur le fœtus pendant la gestation (2). Il tenait également un grand compte de l'âge des procréateurs. Lui-même enfant de vieux, il remarqua que « Huet, évêque d'Avranches naquit d'un père vieillard, qui lui communiqua de ce tempérament rassis et de cette égalité d'âme qui le distingua dans toute sa longue vie » (3). Même observation concernant Saint-Simon :

« *C'est de ce père déjà vieux et remarié en secondes noces avec une personne jeune, mais non plus de la première jeunesse, que naquit Saint-Simon en 1675. On a cité comme une singularité et un prodige qu'il ait eu cet enfant à l'âge de soixante-douze ans ; il n'en avait en réalité que soixante-huit. Il lui transmit ses propres qualités*

(1) Nouveaux Lundis, III, 20.
(2) Voir première partie chapitre I.
(3) Lundis, II, 166.

très marquées avec je ne sais quoi de fixe et d'opiniâtre, la probité, la fierté, la hauteur du cœur, et des instincts de race forte sous une brève stature. Dès le début, Saint-Simon, fils d'un père antique, et, sous sa jeune mine, un peu antique lui-même, n'a pas de goût vif pour les femmes, pour le jeu, le vin et les autres plaisirs » (1).

C'est quelquefois chez les collatéraux que le moraliste découvrira à l'état nu des traits moins apparents sur son modèle. Sainte-Beuve écrivit de fort belles pages sur les sœurs des hommes célèbres ; nous reproduirons seulement les lignes essentielles :

« *Les sœurs, quand elles sont égales, sont plutôt supérieures à leur frère illustre. Elles se retrouvent meilleures. Ce sont comme des exemplaires de famille, les doubles du même cœur, qui se sont conservés sans aucune tache au sein du foyer, ou dans l'intérieur du sanctuaire. Chez les modernes on pourrait citer bien des noms même parmi les profanes. Mais combien de fois surtout, je me suis plu à rêver la sœur du poète, d'un de ces grands poètes que nous admirons et que nous chérissons à travers les fautes et les faiblesses ! La sœur de René est trop connue ; mais la sœur de Jocelyn, par exemple ; Elle aura la mélancolie pure et légère, la tendresse et l'harmonie, et le chant d'oiseau, sans mélange des jeux de l'art et sans la ruse acquise* » (2).

Cet autre passage montrera comment Sainte-Beuve concevait l'étude comparée des collatéraux pour mettre mieux en relief quelque particularité cachée :

(1) Lundis, XV, 427 et 430.
(2) Port Royal, III, 356-359.

« Prenez les sœurs par exemple. Ce Chateaubriand dont nous parlions, avait une sœur qui avait de l'imagination, disait-il lui-même, sur un fond de bêtise, ce qui devait approcher de l'extravagance pure ; une autre, au contraire, divine (Lucile), qui avait la sensibilité exquise, une sorte d'imagination tendre, mélancolique, sans rien de ce qui la corrigeait ou la distrayait chez lui ; elle mourut folle et se tua. Les éléments qu'il unissait et associait, au moins dans son talent, et qui gardaient une sorte d'équilibre, étaient distinctement et disproportionnellement répartis entre elles.

Je n'ai point connu les sœurs de Lamartine, mais je me suis toujours souvenu d'un mot échappé à Royer-Collard qui les avait connues, et qui parlait d'elles dans leur première jeunesse comme de quelque chose de charmant et de mélodieux, comme d'un nid de rossignol. La sœur de Balzac, Mme Surville, dont la ressemblance physique avec son frère saute aux yeux, est faite en même temps pour donner à ceux qui, comme moi, ont le tort peut-être, de n'admirer qu'incomplètement le célèbre romancier, une idée plus avantageuse qui les éclaire, les rassure et les ramène. La sœur de Beaumarchais, Julie, que M. de Loménie nous a fait connaître, représente bien son frère par son tour de gaîté et de raillerie, son humeur libre et piquante, son irrésistible esprit de saillie ; elle le poussait jusqu'à l'extrême limite de la décence, quand elle n'allait pas au-delà ; cette aimable et gaillarde fille mourut presque la chanson à la bouche : c'était bien la sœur de Figaro, le même jet et la même sève » (1).

(1) Nouveaux Lundis, III, 19-20.

Sainte-Beuve n'exagéra pas la supériorité des sœurs ; il ne l'érigea pas en dogme et s'inclinait devant les mystérieux caprices de l'Hérédité. Il avouait par exemple que dans la famille de Racine, les sœurs demeurèrent inférieures à leur illustre frère (1). Nous terminerons par cette délicate analyse où il étudie et compare la veine satirique chez Boileau et chez ses frères : il en ressort que, tout en admettant une hérédité commune, il conservait à chacun sa note originale : Là est son plus grand mérite.

« *Le génie satirique circulait dans la famille Despréaux. Nicolas et Jacques avait deux frères, tous deux marqués des mêmes caractères : Gilles, avocat et rimeur, faisait des épigrammes et portait toujours sur lui les Satires de Régnier. L'abbé Jacques avait le don des bons mots et des réparties, des calembours, des gaités. Et, Sainte-Beuve de déduire :*

« *Le mérite original de Nicolas Boileau, qui était de cette famille gaie, moqueuse et satirique, fut de joindre à la malice héréditaire le coin du bon sens ... Le dirai-je ? En considérant cette lignée de frères ressemblants et inégaux, il me semble que la nature, cette grande génératrice des talents, essayait déjà un premier crayon de Nicolas quand elle créa Gilles ; elle resta en deça et se repentit ; et elle appuya quand elle fit Jacques ; mais cette fois, elle avait trop marqué. Elle se remit à l'œuvre une troisième fois, et cette fois ce fut la bonne. Gilles est l'ébauche, Jacques est la charge, Nicolas est le portrait* » (2).

---

(1) Nouveaux Lundis, III, 57..

(2) Voir la Causerie sur Boileau, Lundis, tome VI, 494-513. et Nouveaux Lundis, XIII, 379.

L'étude de la mère, des enfants, des frères, des sœurs, donne déjà de grands jours sur la race. On la complètera en remontant plus haut pour dépister les tendances ataviques. Quelquefois celles-ci se transmettent à travers les ans de générations en générations.

Sainte-Beuve cite les cas très démonstratifs du chansonnier Désaugiers et du peintre Horace Vernet :

« *Désaugiers sortait d'une famille où les dons du chant et de l'esprit semblent avoir été héréditaires. Son père, compositeur de musique et ami de Sacchini, de Gluck, a donné des opéras, et d'autres morceaux lyriques appréciés des maîtres. Notre Desaugiers eut deux frères dont l'aîné a fait ses preuves et à l'opéra encore et dans la cantate. Il y avait dans cette famille comme un courant naturel de verve, de gaité et de musique .... Ces courants là, en se divisant, ont aussi leur caprices et leurs inégalités de veine : ici ce n'est qu'un filet, là, c'est un jet à gros bouillons. Nous n'avons qu'à suivre dans son plein, la source même* » (1).

Horace Vernet était aussi un talent de race ; Joseph Vernet, l'illustre peintre de marines, était son grand père ; son père, Carles, était l'homme des chasses et des cavalcades, un charmant peintre d'élégances. Son grand père maternel était le fameux Moreau, l'illustrateur du XVIIIe. Si bien que « la main fine, mince, longue, élégante d'Horace naissait avec toutes les aptitudes, toute

---

(1) Portraits Contemporains, III, 195.

formée et dressée pour peindre, comme le pied du cheval arabe pour courir » (1).

Souvent ces courants héréditaires sautent une génération, conformément à la loi aujourd'hui bien connue de l'hérédité croisée. Ces faits n'avaient point échappé à Sainte-Beuve, excellent observateur :

« *On a remarqué, dit-il, dans la suite des familles, que souvent le fils ne ressemble pas à son père ; mais que le petit-fils rappelle son aïeul, le petit neveu son grand-oncle, en un mot que la ressemblance parfois saute une génération ou deux, pour se reproduire (on ne saurait dire comment) avec une fidélité et une pureté singulière dans un rejeton éloigné. Il en est de même, en grand, dans la famille humaine et dans la suite inépuisable des esprits* » (2).

Aussi ne s'étonnait-il pas que Proudhon tint de son grand-père maternel (3) et Béranger de ses aïeuls (4) la plupart de leurs caractères.

De même que les qualités se transmettent de père en fils, les défauts s'accumulent, pour peu que des mariages consanguins empêchent un sang nouveau de les contrecarrer ; les tares familiales s'additionnent, la race dégénère. Cette notion de dégénérescence est familière à l'auteur des « Lundis » et l'on rencontre dans son œuvre l'exposé complet de la dégénérescence des Bour-

---

(1) Nouveaux Lundis, V, 43.

Nous y joindrons aussi, Piron : « Les Piron étaient une souche de chansonniers, de malins compères et de satiriques ». Nouveaux Lundis, VII, 405.

(2) Portraits littéraires, II, 207.

(3) Proudhon, 16.

(4) Portraits Contemporains, I, 64-65.

bons de France et d'Espagne, des Condé et des Conti. Maints stigmates physiques, déformations crâniennes, anomalies de la taille, etc ..., et surtout un grand nombre de signes psychiques, impulsivité, aboulie, etc. y sont longuement décrits.

Sainte-Beuve ne prétendait cependant pas tout expliquer par le jeu des transmissions héréditaires. Il savait l'incertitude de ces lois (1) : Ce n'était qu'une première étape. Et, pour faire entrer les différents éléments de ses études biographiques dans le cadre par nous assigné d'une observation médicale, il établissait ensuite les antécédents personnels.

*

* *

Chaque individu, en même temps qu'il porte en lui-même et conserve la marque héréditaire de sa race, subit dans le cours de son existence l'influence du milieu ambiant. Cette action s'exerce surtout pendant les années de formation, et diminue lorsque l'homme atteint sa maturité. D'où la nécessité de démasquer les circonstances qui ont entouré la naissance, l'enfance, et l'adolescence.

Sainte-Beuve avait l'habitude de situer dans le temps et dans le lieu de la naissance des écrivains qu'il étudiait.

Naudé, né à une époque où le doute était la réaction

---

(1) « Les lois qui président aux transmissions héréditaires sont à peine entrevues, bien loin d'être de tout point éclaircies ; le seront-elles jamais ? » Nouveaux Lundis, II, 116.

normale des esprits avisés et prudents (1). Lui-même, venu au monde en ce siècle qui avait perdu la faculté de vouloir, devait à son époque une part de son incertitude philosophique (2). Quelquefois les premiers vagissements du nouveau-né retentissent au sein du foyer en pleurs : c'était aussi le propre cas de Sainte-Beuve (3), et l'homme se ressentira longtemps de cette tristesse qui l'accueillit. Il semble au contraire que d'autres naissent sous une étoile favorable.

Il précisait soigneusement aussi le lieu de la naissance. Nous restons toujours attachés à notre province, nous gardons comme un goût du terroir, que le critique dépistait avec bonheur. Aux Comtois, tel Proudhon, il reconnaissait une « veine de crânerie provocante » en même temps « qu'une franche cordialité » (4) ; aux Bretons, Lamennais, Renan (5), Duclos (6) même, « une humeur entêtée, triste et inflexible, le mépris de la légèreté » ; aux Boulonnais avec Daunou (7) « un fonds

---

(1) Voir Première partie, Chapitre VI,

(2) Voir Ibidem, II, p. 32, ou Portraits contemporains, tome I, p. 135-136.

(3) Voir Première partie, Chapitre I et II.

(4) Proudhon, 69-70 ; 167, etc... Même remarque à propos de Nodier, qui a encore, par accès, du montagnard.... ; qui resta Comtois toute sa vie... ; qui avait gardé certains accents du pays qui marquaient par endroits et donnaient à l'originalité plus de saveur, « et l'imprégnaient à la fois de bonhomie et de finesse ». « Les Francs-Comtois, transportés, ne sont-ils pas volontiers comme cela ? » ajoute Sainte-Beuve « Jouffroy, par exemple ». Portraits littéraires, I, 453-454 et 484.

(5) Nouveaux Lundis, II, 384.

(6) Lundis, IX, 220.

(7) Voir Première partie, Chapitre I, p. 28, note 2

sagace et circonscrit à la fois » ; aux Lyonnais (1) « un certain fonds de croyance, de sentiments, d'habitudes morales, de religiosité et d'affectuosité », voisinant avec « le détachement et le dessèchement trop général des âmes ». Villon, Molière, Scribe (2) pouvaient-ils naître ailleurs qu'à Paris ? Racan (3) ailleurs qu'en Touraine, « ce bon et doux pays où tout ne brille pas, où fleurit l'idéal d'une médiocrité domestique frugale et abondante ? » Parny avait importé en France l'épicuréisme créole (4). L'influence espagnole ne perce-t-elle pas chez Hugo et Marceline Desbordes-Valmore ? (5) Or ils sont nés l'un à Besançon, l'autre à Douai, cités très marquées de ce caractère étranger (6).

De même les caractères de *l'enfance* donnent à l'âme une orientation qui ne changera plus. La douloureuse Marceline, élevée à côté d'un cimetière, passa ses jeunes années à jouer sous le calvaire et sur les tombes (7).

« *Si vous voulez comprendre Madame la Duchesse d'Angoulême, dit Sainte-Beuve, rappelez-vous que tout ce qui s'appelle fleur et joie première, cet aspect enjoué et enchanté sous lequel, en entrant dans la vie, on voit*

---

(1) Nouveaux Lundis, XII, 257.
(2) Portraits contemporains, II, 95.
(3) Lundis, VIII, 79.
(4) Portraits contemporains, III, 126.
(5) Portraits contemporains, 381, I.
(6) On pourrait ajouter l'équipe Bourguignonne avec le Président des Brosses, La Monnaie, Piron, Tabourot et même Aloysius Bertrand, chez qui, « sous air de Callot et de Rembrandt, on retrouve du piquant des vieux noëls et le fumet du vin clairet ? ». Portraits littéraires, II, 345..
(7) Portraits contemporains, 381, I.

si naturellement toute chose, fut supprimé, flétri de bonne heure pour elle » (1).

Et cette autre remarque sur Veuillot, autodidacte, qui dut s'élever tout seul :

« *La meilleure manière d'arriver à être juste pour M. Veuillot est de se le bien expliquer. Il est enfant du peuple, fils d'honnêtes gens, de gens de peine et de travail. Elevé au hasard, mis pour toute école à la* « *mutuelle* », *puis petit clerc d'avoué, il s'est formé lui tout seul ..... Ame robuste, entière, non usée de père en fils par l'élégance et la politesse des salons, intelligence brusque et absolue, non assouplie par la critique, non rompue aux systèmes ; d'une sensibilité profonde, et d'un grand besoin de tendresse au milieu de certaines grossièretés de nature, il fut atteint et renversé en même temps, et retourné tout d'une pièce* » (2)

Nature de l'entourage, milieu social, profession des parents, tendances du premier établissement d'instruction où l'enfant fut placé, voilà ce qu'il faut savoir d'abord.

Mais ce qu'il faut surprendre surtout, c'est l'éveil de la réflexion philosophique chez le jeune homme ; les premiers efforts de la pensée, les premiers élans affectifs et religieux, dans leur impétuosité et dans leur pureté originelles, les réactions franches et nettes de l'esprit jeune au contact du milieu qui l'accueille, donneront souvent la solution d'une énigme impénétrable chez l'adulte. Plus encore que la naissance, *l'adolescence, ou mieux,*

(1) Lundis, V, 88.
(2) Nouveaux Lundis, I, 49.

la période de formation, mérite de retenir l'attention du moraliste.

« *L'être moral parfait en nous, s'il doit exister, disait Sainte-Beuve, existe de bonne heure ; il existe dès vingt ans dans toute son intégrité et dans toute sa grâce* ».

Plus tard les traits s'estompent, puis souvent on en revient, en vieillissant davantage, au type primitif: se dépouillant ainsi, par degrés, des formes et des variations contractées dans l'intervalle.

Que l'on relise n'importe quelle étude de Sainte-Beuve et l'on mesurera la place réservée aux années de formation. Lui-même se flattait d'en être retourné à son fonds véritable, celui de sa jeunesse, le XVIIIe siècle et la physiologie. De même, il affirmait qu'en dépit des apparences, « tout Lamartine se retrouvait dans ses premiers écrits » (1). Il serait aisé de multiplier les exemples à l'infini.

L'adolescence est l'époque des grandes crises morales et affectives qui marquent d'un sceau indélébile l'œuvre d'un écrivain. « Il y a, dans chaque époque, des espèces de maladies morales et d'affections régnantes qui atteignent généralement les âmes » (2) des « maladies qui courent » (3); peu d'entre nous les évitent; « on a sa petite vérole dont on reste plus ou moins gravé, et puis c'est fini » (4). La personnalité affective et morale d'un homme y prend ses racines.

De même, le mécanisme intellectuel obéit à l'impulsion qui lui fut donnée d'abord. Sainte-Beuve cite le

(1) Portraits contemporains, II, 439. Voir aussi 345 et 438.
(2) Lundis, III, 380.
(3) Lundis, V, 360.
(4) Lundis, VI, 403-404.

cas de l'historien Volney, qui, s'étant livré dans sa jeunesse aux études scientifiques, voulut appliquer partout les méthodes analytiques :

« *La morale est présentée par lui comme une science physique et géométrique, soumise aux règles et aux calculs des sciences exactes. Elle est toute déduite des mêmes principes que l'hygiène. .... L'art d'écrire ne se distingue pas chez lui de l'art d'observer* ... » (1)

Enfin, il faut préciser et définir le premier milieu, le premier groupe auquel le jeune talent s'est incorporé :

« *Quand on s'est bien édifié, autant qu'on le peut, sur les origines et sur la parenté immédiate et prochaine d'un écrivain éminent, un point essentiel est à déterminer, après le chapitre de ses études et de son éducation : c'est le premier milieu, le premier groupe d'amis et de contemporains dans lequel il s'est trouvé au moment où son talent a éclaté, a pris corps et est devenu adulte. Le talent, en effet, en demeure marqué, et quoi qu'il fasse ensuite, il s'en ressent toujours.*

Entendons-nous bien sur le mot de groupe qu'il m'arrive d'employer volontiers. Je définis le groupe, non pas l'assemblage fortuit et artificiel de gens d'esprit qui se concertent dans un but ; mais l'association naturelle et comme spontanée de jeunes esprits et de jeunes talents, non pas précisément semblables et de la même famille, mais de la même volée et du même printemps, éclos sous le même astre, et qui se sentent nés avec des variétés de goût et de vocation, pour une œuvre commune.

---

(1) Lire le chapitre sur Volney, in Lundis, VII, 389 et seq ; et Chroniques parisiennes, 264-265.

Ainsi la petite société de Boileau, La Fontaine et Molière, vers 1664, à l'ouverture du grand siècle : voilà le groupe par excellence » (1).

* * *

En bon disciple de Cabanis, Sainte-Beuve, sachant les rapports étroits du physique et du moral, étudiait soigneusement la constitution physique, l'hygiène, les maladies des Hommes illustres.

Certains semblent avoir été spécialement créés par la nature en vue d'une fonction morale ou sociale déterminée ; leur destinée se lit sur leur portrait : Sainte-Beuve compare Louis XIV, « mélange unique de décence et de majesté » (2), né pour le commandement, et Louis XV, qui ne possédait aucun des attributs physiques de la royauté. (3)

D'autres fois, il déduira le caractère d'un ouvrage du tempérament physique, de la « complexion », fragile ou solide, saine ou morbide de l'auteur.

Une activité intense et violente correspond ordinairement à un tour d'esprit vif et agressif. Lamennais, par exemple, pour épuiser son besoin d'action, tirait l'épée, nageait jusqu'à l'extrême fatigue, s'adonnait aux exercices corporels les plus violents. Or, le style combattif,

---

(1) Nouveaux Lundis, III, 21-22.

(2) « Louis XIV était physiquement destiné à la royauté ». Lire à ce sujet : Nouveaux Lundis, I, 342, et l'article sur le journal de la santé du roi, Nouveaux Lundis, II, 360 à 381, et aussi Lundis, V, 320.

(3) Voir Portraits littéraires, III, 513 et seq....

l'humeur guerrière des « Paroles d'un croyant » ne traduisent-ils pas, au moral, la même vigueur ?

Le cas de Balzac, athlète décuplant par sa toxicomanie les possibilités illimitées de son cerveau et de son corps, est tout aussi concluant :

« *M. de Balzac avait le corps d'un athlète et le feu d'un esprit épris de gloire ; il ne lui fallut pas moins pour suffire à sa tâche immense. Ce n'est que de nos jours qu'on a vu de ces organisations énergiques et herculéennes se mettre en quelque sorte en demeure de tirer d'elles-mêmes tout ce qu'elles pourraient produire et tenir durant vingt ans la rude gageure. Aujourd'hui, par suite de l'immense travail que l'écrivain s'impose et que la société lui impose à courte échéance, par suite de la nécessité où il est de frapper vite et fort, il n'a pas le temps d'être si platonique ni si délicat. La personne de l'écrivain, son organisation tout entière s'engage et s'accuse elle-même jusque dans ses œuvres ; il ne les écrit pas seulement avec sa pure pensée, mais avec son sang et ses muscles. La physiologie et l'hygiène d'un écrivain sont devenues un des chapitres indispensables dans l'analyse qu'on fait de son talent* » (1).

Aussi admettait-il en partie l'opposition entre la poésie d'homme gras et floride et la poésie d'homme maigre (2). A propos des quatre vers suivants de Théophile Gautier :

« Je suis jeune, la pourpre dans mes veines abonde ;
Mes cheveux sont de jais et mes regards de feu.
Et, sans gravier ni toux, ma poitrine profonde
Aspire à pleins poumons l'air du ciel, l'air de Dieu. »

(1) Lundis, II, 448-449.
(2) Portraits contemporains, III, 266.

« Jamais homme maigre et chétif, dit-il, ne fera de cette poésie là » (1).

La poésie des hommes maigres, des chétifs, des valétudinaires gagne en finesse ce qu'elle perd en impétuosité. Pope, et Laharpe l'ont prouvé (2). « Les facultés de la pensée, les puissances de l'âme, grandissent dans la douleur » (3), proclamait-il. C'était là un des thèmes favoris de Sainte-Beuve sur lequel il composa d'admirables pages :

« .... *Une complexion frêle laisse à l'esprit tout son jeu et donne aux organes une certaine transparence. La pensée y acquiert et y conserve plus de délié ; elle s'y aiguise. Chez Erasme, Bayle et Voltaire, ne semble-t-il pas en effet, que la finesse de la lame se fasse mieux sentir dans le mince fourreau? — Joubert, Pline le Jeune avaient déjà prétendu que nous sommes meilleurs quand nous sommes malades. La maladie crée un état de langueur humiliante à laquelle nous devons en partie Pascal* ...» (4)

Enfin le talent a l'âge de l'organisme qu'il habite. A la jeunesse, à la période de virilité et de sénilité appartiennent des productions différentes :

« *Voici comment je conçois la marche du talent ... On commence par une sorte d'abandon, de vivacité et d'ardeur plus ou moins mêlée d'inexpérience, mais rachetée par bien des qualités primitives. Puis le talent ne s'en tient pas à des coups d'essai, il récidive. A ce second*

---

(1) Nouveaux Lundis, VI, 312-313.
(2) Nouveaux Lundis, X, 82.
(3) Portraits de Femmes, 126.
(4) Port-Royal, Chapitre XVII.

temps, à cette seconde saison, il a gardé encore de la fraicheur et de la facilité des inspirations premières, mais elles ont acquis plus de développement, de fermeté, de la maturité déjà : c'est le lucide moment, la nuance épanouie. Enfin, en achevant de mûrir, le talent arrive à d'heureux résultats encore, plus approfondis peut-être, plus concentrés ; mais, désormais, un certain rayon qui se joue et la fraîcheur du premier duvet ont disparu » (1).

Enfin, en dehors des dispositions constitutionnelles, les affections physiques déterminent quelquefois le ton général d'un livre : « Une détestable santé est l'explication de bien des choses », disait Sainte-Beuve à propos du Duc de Nivernais (2). Une panne dans la machine et l'œuvre est atteinte. La conversion de Leopardi n'était peut-être pas étrangère à l'altération de sa santé, qui l'avait aigri (3).

Sainte-Beuve savait que de toutes les maladies, ce ne sont pas les plus graves qui engendrent les plus grandes perturbations : ce sont les plus longues. Les diathèses, par l'accumulation de petits accidents se répétant à l'infini, les infirmités qui sans cesse agacent ou humilient, sont plus néfastes bien qu'elles ne mettent point immédiatement nos jours en péril.

Alphonse Rabbe, « dévisagé en plein visage à vingt-six ans par une horrible maladie qui sentait son moyen-âge ou son seizième siècle, fut naturellement porté aux accès de violence et de rage, à l'envie et à la misanthropie bien qu'il fût au fond généreux » (4).

(1) Portraits contemporains, II, 211.
(2) Lundis, XIII, 402.
(3) Portraits contemporains, III, 91-93-95.
(4) Lundis, VI, 106.

Nul n'ignore l'irrascibilité des hépatiques que Sainte-Beuve avait soulignée chez Armand Carrel :

« *Médecins, moralistes, vous tous qui ne faites pas des oraisons funèbres, n'oubliez pas ceci : A. Carrel avait eu précédemment une maladie de foie assez grave et il en avait gardé de l'irritabilité* » (1). Il n'y a pas loin de sa « bile à sa passion agressive et belliqueuse » (2).

Sainte-Beuve a beaucoup écrit sur les rapports des accès de goutte et la production littéraire. Il avait été intrigué par l'aveu de Costar, qui après chaque crise avait, en même temps qu'une décharge urique, une décharge littéraire (3) ! La goutte ne rendit-elle pas amer l'ancien chevalier de la Fronde, M. de la Rochefoucauld ? (4) Terminons pas cette dernière observation où Sainte-Beuve voit varier en même temps et l'œuvre et la diathèse :

« *Vieillard goutteux et quinteux, M. de Montgaillard a écrit des Mémoires originaux caustiques, fréquemment remplis d'anecdotes douteuses ou controuvées. Suivant que sa goutte monte ou descend, sa bile s'épanche plus ou moins âcre et mordante* ». (5)

---

(1) Lundis, VI, 101.

« Il y a de l'ictère dans toute page de M. Guizot », dit-il autre part. (Rapporté par A. Albalat in « Flaubert et ses amis », Plon, 1927.

(2) Portraits contemporains, II, 262.

(3) Lundis, XII, 216.

(4) Portraits de Femmes, 214-267-297.

(5) Premiers Lundis, 222.

Sainte-Beuve a vu aussi le retentissement des affections génito-urinaires sur la nature morale. Il l'a noté dans sa propre observation : « Les physiologistes ont beau dire, il n'y a pas loin de la prostate au cerveau », écrivait-il à Viollet le Duc.

*
* *

Si notre nature physique influe constamment sur nos œuvres, notre psychisme les domine. Sainte-Beuve s'est appliqué à disséquer le cerveau et le cœur des grands écrivains.

A vrai dire, le cerveau le retint moins longtemps que le cœur : notre vie affective, plus encore que nos facultés intellectuelles, anime nos essais littéraires. Aussi poussait-il très loin l'analyse des tendances affectives, émotions, inclinations personnelles et impersonnelles. Quelques fois il put faire poser devant lui son sujet et l'interroger. Il en usa ainsi avec la princesse Mathilde, provoquant sur le vif de véritables réactions expérimentales et notant le résultat des excitations (1).

Quand l'observation directe était impossible, il se contentait de se poser à lui-même un certain nombre de questions. Que pensait l'auteur en religion, quel était son idéal philosophique ? Comment était-il affecté du spectacle de la nature ? Quelle était sa manière journalière de vivre ? ses sentiments de piété filiale ? Et surtout comment se comportait-il sur l'article des femmes ? « Dernière question essentielle pour juger l'auteur d'un livre et le livre lui-même » (2).

Quand il avait résolu chacun de ces problèmes, il reprenait souvent la question par l'autre bout et la renversait. Le voici par exemple étudiant non plus l' « atti-

(1) Voizard, op. cit. p. 79.
(2) Voir Choisy, Sainte-Beuve, 221.

tude de Rabelais, Montaigne, etc. vis à vis des femmes, mais les réactions féminines envers ceux-ci.

Rabelais n'a jamais inspiré de tendresse, parce qu'il est sale ; à côté de lui Montaigne, malgré quelques souillures, eut Mademoiselle de Gournay, « qui se voua à lui et qui, comme lui, d'une trop forte complexion, d'une trop verte allure, finit par prendre du poil au menton ». Tandis que Malherbe ne disait rien aux femmes, Racan leur plaisait. Corneille aurait suscité « quelque Charlotte Corday précoce, si sa personne vue de près, n'avait découragé ». Racine aurait été fort entouré, s'il avait été moins bourgeois, et ne s'était rangé à Port-Royal. Les femmes s'éloignèrent de Boileau, qui avait trop de sens et de goût. La Fontaine, le négligent, le prodigue, fut le privilégié, le grand protégé des belles : Les Bouiller, les Sablé, les d'Hervaut se le disputaient.

Parmi les philosophes, Descartes et Fontenelle séduisirent le beau sexe, soit par attrait et curiosité scientifique, soit par mode ; Voltaire les prît par l'esprit. Montesquieu, lent à produire, s'imposait, mais n'attachait pas. Au contraire Rousseau eut « le bon lot du XVIIIe siècle : Bernardin de Saint-Pierre en aurait eu autant s'il n'était arrivé trop tard, quand le soleil se couchait. ».

Enfin, au XIXe, avec Byron, Chateaubriand, Lamartine, chaque auteur a son cortège féminin (1).

De chacun de ces exemples, Sainte-Beuve tire un enseignement. Et, après avoir montré que l'enthousiasme de Bettina s'harmonisait avec l'imagination, avec la

---

(1) Nouveaux Lundis, IX, 396 et seq....

haute fantaisie et le sens naturaliste du grand poète de Weimar, il conclut :

« *Règle générale : il y a un certain air de famille entre l'admiratrice et l'admiré* » (1).

Sainte-Beuve mettait tout en œuvre pour mener à bien et pousser jusqu'à ses extrêmes limites l'analyse psychologique.

Parfois, il dut même entreprendre de véritables enquêtes psychopathologiques.

Il les accomplit de main de maître ; et fit montre, en l'occurrence d'une perspicacité dont se contenteraient les psychiâtres les plus avisés, si l'on veut bien se souvenir qu'au temps où il écrivait, la psychiatrie n'en était encore qu'à ses premiers balbutiements.

Près d'un demi-siècle avant Régis (2), il avait analysé et défini dans ses traits essentiels, la folie de Jean-Jacques Rousseau (3). A lui revient l'honneur d'avoir montré le côté pathologique de l'illustre philosophe et de l'avoir introduit dans la triste famille des persécutés :

« *Non seulement, disait-il en substance, Jean-Jacques paraissait fou dans le sens vague et général du mot, mais il l'était trop réellement dans le sens précis et médical* » (4).

Suivait une observation, remaniée et complétée à plusieurs reprises, où l'on retrouverait aisément, et jusque dans les termes, l'observation précise de l'illustre malade.

---

(1) Idibem, 399.

(2) Article paru in Chronique médicale, 1900.

(3) Voir Lundis, II, 74-77 à 81 ; VII, 302 ; VIII, 242 ; XII, 129 ; XV, 238-241 ; — Nouveaux Lundis, IV, 189-190-199 à 208 ; 336 ; 344 ; IX, 417-432 ; — Portraits littéraires, 122-123.

(4) Lundis, II, 78.

Le mot même de délire de persécution préside à la description. Après avoir montré que Rousseau a « été son propre bourreau » (1) à l'appui d'anecdotes typiques, après avoir peint ses craintes incessantes, ses susceptibilités maladives, il le déclare atteint de manie, et puisqu'il faut citer le terme, l'appelle « un éloquent persécuté » (2).

Il y a plus, et l'on s'étonnera sans doute de voir déjà signalées les particularités les plus typiques du délire de persécution de Rousseau. Non seulement, Sainte-Beuve avait remarqué l'absence d'hallucinations, mais encore, précurseur lointain de Sérieux et Capgras (3), il avait posé implicitement le diagnostic de folie lucide, de folie raisonnante. Il avait été frappé de ce caractère si remarquable du délire des interprêtants, qui « rumine et combine de petites circonstances accessoires et des plus insignifiantes » (4), mais qui surprend et désarme par sa logique implacable et irrépréhensible.

« *La folie de Rousseau a de la logique, disait-il, et, le point de départ étant donné, elle raisonne à merveille* » (5). N'est-ce pas en effet un des meilleurs signes de l'interprétation délirante ?

Régis, dans sa belle étude, décelait, à côté d'un fond persécuté un notable apport mélancolique et définissait Jean-Jacques un persécuté mélancolique. Sainte-Beuve l'avait encore précédé en insistant sur « la douleur de cette âme qu'aiguisait une sensibilité exquise» (6).

---

(1) Lundis, II, 81.
(2) Nouveaux Lundis, IX, 417.
(3) « Les folies raisonnantes ». Paris, Alcan, 1909.
(4) Nouveaux Lundis, IV, 199.
(5) Nouveaux Lundis, IV, 189-190.
(6) Voir Lundis, II, 79.

Bref le diagnostic de persécuté-interprétant non revendicateur avec idée mélancolique, généralement admis de nos jours, est celui que l'on épinglerait en haut de l'observation Beuvienne.

Il serait facile de pousser le parallèle plus loin : depuis Kraeplin nous rattachons les persécutés à la constitution paranoiaque ; ils constituent pour ainsi dire le dernier terme, le type le plus pur du paranoiaque. Or Sainte-Beuve n'a-t-il pas attiré notre attention sur les grands symptômes qui résument cette déformation psychique, quand il a insisté sur la fausseté du jugement de Rousseau qui tenait le plus grand compte des indices les plus futiles, sur son inadaptabilité sociale qui saute aux yeux, sur sa méfiance qui le poursuit partout, et surtout sur son orgueil ?

« *Le germe de sa maladie, a-t-il dit, et de la maladie de ses successeurs a été justement de ne vouloir point être jeté dans le moule des autres hommes* » (1).

Ailleurs, il reconnaît en lui « une superexcitation de vanité qui, dans ce genre de folie, est à la fois la cause et le symptôme » (2).

Il ne tiendrait qu'à nous d'opposer au Jean-Jacques de Sainte-Beuve, persécuté, mélancolique, son William Cowper, mélancolique persécuté à forme mystique, et non plus interprétant, mais halluciné (3). Sainte-Beuve a bien vu que c'était sur un fond mélancolique et mystique que s'étaient greffées les idées délirantes de persé-

---

(1) Lundis, II, 74.
(2) Lundis, II, 78.
(3) Lundis, XI, 139-197, et Port-Royal, I, 129, p. 29.

cution. Si bien que plusieurs essais de suicides faillirent mettre fin à la vie du poète anglais.

D'abord simple mélancolique, se croyant à jamais damné, sujet à des hallucinations auditives, poursuivi par une voix mystérieuse qui lui criait son indignité, le lakiste, auto-accusateur, ne se sentait pas proprement persécuté par les autres, mais coupable et ne s'en prenait qu'à lui-même. Que le lecteur lise l'étude de Sainte-Beuve, puis celles de Cabanès (1) et de Boutin (2) et il constatera que le critique de 1860 n'est pas éloigné des travaux contemporains.

Une autre forme du délire mystique a été identifiée par Sainte-Beuve chez Bernardin de Saint-Pierre (3). Les persécutés et les mystiques tiennent d'ailleurs une grande place dans les « Lundis » où ils voisinent avec les petits paranoiaques : Le lecteur les retrouvera aisément.

Sainte-Beuve sut élargir son champ d'observation. Au-dessus des psychoses individuelles, il étudia des maladies morales, des déformations mentales collectives. Il a décrit dans sa complexité, la maladie de l'ennui, le mal de Werther, d'Oberman et de René dont lui-même avait souffert :

« *Qu'est-ce que cette maladie ? disait-il. C'est le dégoût de la vie, l'inaction, l'abus du rêve, un sentiment orgueilleux d'isolement, de se croire méconnu, de mé-*

---

(1) Article paru in « Revue des Alcaloïdes ».

(2) Thèse de Lyon, 1913.

(3) Lundis, VI, 414 et seq... et Portraits littéraires, II, 112 et seq.. Voir sur le même sujet article de Cabanès in Revue des Alcaloïdes.

priser le monde et les voies tracées, de les juger indignes de soi, de s'estimer le plus désolé des hommes, et à la fois d'aimer sa tristesse ; le dernier terme de ce mal serait le suicide. Peu de gens de nos jours se sont tués, eu égard à tous ceux qui ont songé à le faire. » (1)

Pouvait-on lui demander une analyse plus délicate de ces dispositions confuses où entrent à la fois la timidité et l'émotivité du cyclothymique, et l'orgueil du paranoïaque (2), qui aboutit rarement au suicide et dont la contagiosité fut si grande. En même temps que son adversaire Gustave Planche, Sainte-Beuve démasquait cette espèce d'exhibitionnisme mental qui fait rarement défaut chez les Romantiques.

Ces quelques exemples suffiront pour corroborer notre thèse et nous avons suivi suffisamment Sainte-Beuve pour apprécier le talent, la sagacité de l'observateur, la pénétration de l'analyste : jamais elle ne sera dépassée. Il a utilisé à merveille l'admirable instrument de précision que lui avait forgé son instruction scientifique.

Lorsqu'il avait ainsi disséqué au physique et au moral la personnalité d'un auteur, il abordait la question du jugement littéraire, ou plutôt il unissait et menait de

---

(1) Lundis, I, 18.

Il faudrait indiquer toute l'œuvre du critique pour donner toutes les références relatives au mal romantique. Lire plus spécialement l'étude sur Chateaubriand et sur Sénancour.

(2) Voir Genil-Perrin : les Paranoïaques, Maloine, s. d., p. 106-194.

front les deux opérations. Mais notre rôle n'est pas d'étudier chez lui le critique littéraire. Il aurait souhaité une conclusion à chacun de ces portraits, et son ambition suprême eut été d'incorporer le modèle étudié dans une famille d'esprits définie. Dans quelle mesure a-t-il exécuté ce projet ?

---

d) Sainte-Beuve "naturaliste des esprits"
Les " familles d'esprits "

Sommaire. — **Conception des "familles d'esprits ".**
Détermination des groupes par la " qualité maitresse "
Détermination des sous-groupes par les " qualités secondes ".
Jugement.

Partant de l'individu, Sainte-Beuve rêva de remonter au groupe, de classer son herbier, de mettre un peu d'ordre dans l'immense chaos de ses observations :

« *Les familles véritables et naturelles des hommes, enseignait-il déjà dans son cours sur Port-Royal, ne sont pas si nombreuses ; quand on a un peu observé de ce côté et opéré sur des quantités suffisantes, on reconnaît combien les natures diverses d'esprits, d'organisations, se rapportent à certains types, à certains chefs principaux. Tel contemporain notable qu'on a bien vu et compris, vous explique et vous pose toute une série de morts, du moment que la ressemblance entre eux vous est manifeste et que certains caractères de famille ont saisi le regard. C'est absolument comme en botanique pour les plantes, en zoologie pour les espèces animales. Il y a l'histoire naturelle morale (la méthode à peine ébauchée) des familles naturelles d'esprits. Un individu bien observé se rapporte vite à l'espèce qu'on n'a vue que de loin et l'éclaire.* » (1)

L'utilité d'une semblable classification, établissant des rapports de ressemblance et d'opposition entre les talents, n'avait pas échappé à Sainte-Beuve ; il en concevait l'esprit.

Mais l'application pratique de cette notion générale exigeait qu'il trouvât un principe directeur suffisamment précis pour conserver à chaque individu sa note personnelle, et suffisamment vaste pour réunir en un même groupe un nombre important de cas particuliers.

Il proposa de prendre pour point de départ ce qu'il appelait la « qualité maîtresse », que Taine appellera après lui la « note dominante » : L'individu, au contact des évènements et de la société, réagit sans doute avec les tendances que lui ont léguées ses parents, qu'a développées son éducation ; il agit de concert avec ses contemporains et subit leur influence. Cependant un observateur sagace démasquera toujours dans la suite et la variété de ces réactions, « un ressort caché », toujours le même, qui appartient en propre à l'individu. C'est ce

---

(1) Port-Royal, I, 55.

Balzac, mortel ennemi de Sainte-Beuve, avait émis le même désir de classification.

« La société ne fait-elle pas de l'homme, suivant les milieux où son action se déploie, autant d'hommes différents qu'il y a de variétés en zoologie ? Il a donc existé, il existera de tout temps, des espèces sociales comme il y a des espèces zoologiques ».

La perspicacité clinique de Balzac égala quelques fois celle de Sainte-Beuve (Voir Dr Devic et G. Morin : A propos de la démence précoce. Balzac, précurseur de Bleuler, in Lyon Médical, 25 septembre 1927).

ressort qui lui permettra de reconnaître les membres d'une même famille d'esprits. Au reste, laissons Sainte-Beuve s'expliquer lui-même :

« ... *Quelque soin qu'on mette à expliquer ou à pénétrer le sens des œuvres, leurs origines, leurs racines, à étudier le caractère des talents et à démontrer les liens par où ils se rattachent à leurs parents ou à leurs alentours, il y aura toujours une certaine partie inexpliquée, inexplicable, celle en quoi consiste le don individuel du génie ; et, bien que ce génie, évidemment, n'opère point en l'air et dans le vide, qu'il soit et qu'il doive être dans un rapport exact avec les conditions de tout genre au sein desquelles il se meut et il se déploie, on aura toujours une place très suffisante (et il n'en faut pas une bien grande pour cela) où loger ce principal ressort, ce moteur, inconnu, le centre et le foyer de l'inspiration supérieure ou de la volonté, la monade inexprimable.* » (1)

Ce trait distinctif, mis à nu, caractérise le grand type d'un groupe d'esprits.

Restent à déterminer les sous-groupes, qui s'inscriront en plus petit dans ces cadres essentiels. Sainte-Beuve en eut aussi l'intuition. Et il obtint ses subdivisions en partant des considérations suivantes:

« *Ceux même qui ont un trait singulier dominant, presque excessif, et qu'on désigne d'abord par là, s'ils sont vraiment grands, y unissent, y subordonnent, et groupent à l'entour toutes les qualités diverses qu'ils ont à des degrés moindres, mais pourtant éminents en-*

---

(1) Nouveaux Lundis, IX, 70.

core » (1). Ces qualités secondaires, mais supérieures, s'adossent au pied de la qualité maîtresse : Nous avons en ce type le pôle supérieur de toute la série.

Par dégradation, nous obtiendrons les types inférieurs, jusqu'au terme ultime, chez lequel la dominante existe toujours, mais n'est plus accompagnée de ce concours remarquable de qualités secondaires qui différencie (en poussant les choses à l'extrême) l'homme de génie du maniaque ou de l'automate.

Quelques exemples concrets ne seront pas superflus et montreront dans son application l'effort de synthèse tenté par le Lundiste. Il établit d'abord les grands groupes d'esprits qu'il symbolise par l'homme de génie le plus représentatif d'une « dominante donnée ». Maine de Biran commande ainsi la famille des « métaphysiciens et des méditatifs intérieurs » (2) ; Guy Patin, le type malicieux et sarcastique (3), auquel s'apparentent Swift, Courier, Benjamin Constant, Rivarol, Chamfort (4); Flaubert et Renan sont de la race naturaliste (5); Béranger a « gardé la rondeur bourgeoise, l'accent familier, la tournure d'idées ouvertes et plébéiennes, par où encore il semble descendre en droite ligne de cette forte lignée à tempérament républicain, qu'on suit, sans hésiter, dans les trois derniers siècles, et de laquelle étaient Etienne de la Boëtie, les auteurs de la Ménippée,

(1) Port-Royal, cité par Voizard, p. 74.
(2) Lundis, XIII, 305.
(3) Lundis, IX, 224.
(4) Ibidem et Nouveaux Lundis, I, 149.
(5) Nouveaux Lundis, II, 416.

Gassendi, Alceste un peu, je le crois, et beaucoup d'autres » (1). Voilà pour les groupes.

Chacun comporte des sous-groupes. Par altération du type Patin, on obtiendra un sous-type Duclos, que Sainte-Beuve définit « un Guy Patin moins honnête, éclairé et corrompu par la vie de société, tenant bon toutefois sur certains points et ne se laissant pas entamer », ayant de la verdeur et « du coup de dents » (2). X... fera « du Saint-Simon, mais avec un crayon bien taillé, un crayon de mine de plomb » (3) ; Fontaines, de Port-Royal, et Eckermann seront des modèles inférieurs de l'immortelle famille incarnée par Gœthe (4).

Nous ne discuterons pas la valeur de cette classification. Est-ce même véritablement une classification ? Souvent des familles se rejoignent, s'entrecroisent ; des parentés imprévues surgissent ; des oppositions se créent entre les membres d'une même série. Même à la lumière des travaux contemporains une classification scientifique est fort difficile. Et le moraliste se sent pris entre le danger de la morceler à l'excès et d'en diminuer ainsi la valeur de systématisation et le péril plus grand encore de faire violence à l'individu et de le faire entrer de force dans un cadre arbitraire. Tant de tempéraments sont polyvalents !

Aussi concluons-nous que Sainte-Beuve fut avant tout

---

(1) Portraits contemporains, I, 95.
(2) Lundis, IX, 221.
(3) Lundis, IX, 239.
(4) Voizard, op. cit., 76.

un analyste, un psychologue individualiste et sa classification consiste plutôt en des rapprochements heureux qu'en un vaste effort de généralisation.

« *Ampère, écrivit-il quelque part, étudie l'histoire littéraire par couches et par zones ; je l'étudie plutôt par individu que je rapporte ensuite à des groupes* ».

Il ne fit bien que les rapporter, et ne les incorpora pas.

APPENDICE

A propos du style de Sainte-Beuve.

On a médit du style de Sainte-Beuve. On lui a reproché sa lourdeur. Et, cependant, l'auteur des « Lundis » ne soignait rien plus que sa phrase :

« *Toujours le style me démange* » (1), *confiait-il à ses secrétaires.*

Il se faisait relire ses articles à haute voix.

« *On est plus frappé, disait-il, des répétitions et des mauvaises consonnances ; à la simple lecture par les yeux, on n'entend rien, on ne suit que le sens* » (2).

Au surplus, appartient-il à d'autres et non à nous d'absoudre notre auteur du grief d'inélégance.

Nous nous bornerons à affirmer qu'il avait au moins la politesse, l'exactitude du style. Sa proposition est contournée, s'allonge souvent en table gigogne. C'est un instrument compliqué, mais un instrument de précision, convenant et s'adaptant aux analyses les plus délicates, plaçant, au-dessus de tout, l'exactitude, la propriété des termes.

Sainte-Beuve n'avait en effet pas le culte auditif du mot ; là est d'ailleurs la raison de son échec poétique ; il ne le concevait que comme un moyen de matéria-

---

(1) Troubat, Souvenirs, 277. — Voir aussi, Albalat : Flaubert et ses amis, p. **166-167**.

(2) Eodem loco.

lisation d'une idée et ne haïssait rien autant que l'usage du mot pour le mot, la déclamation, la phraséologie (1). Son idéal en fait de style était la langue du XVIIIe siècle « remarquable par le tour, par la justesse et la netteté » (2), « ce langage clair, net et courant » (3).

En dépit des apparences, il est permis de supposer que Sainte-Beuve devait encore à ses études scientifiques quelques-unes des caractéristiques de son style. Comme lui, le physiologiste ne soucie-t-il pas avant tout d'assurer l'équivalence stricte de l'idée et de l'expression, quitte à perdre de l'éclat ?

C'est encore dans son bagage scientifique, que Sainte-Beuve ira chercher souvent des métaphores, des tournures de phrases, des phrases entières, empruntées au langage de l'hôpital ou de l'amphithéâtre (4). Voici Rousseau « qui a par moments un peu de goître dans la voix » (5), Mirabeau « qui a des hémorragies d'orateur » (6), Lamennais « une incontinence de pensées » (7). Voici Balzac « dont la réputation s'étend comme un chancre (il faudrait appeler Ricord, ajoute-t-il) » (8); Balzac, « médecin (quelque peu suborneur) de maladies sous-cutanées, de maladies lymphatiques secrètes, quelque chose entre Alibert et Cullerier ; Balzac chez qui

(1) Lundis, I, 92.
(2) Lundis, I, 213.
(3) Lundis, II, 266.
(4) Voir aussi des comparaisons anatomiques de Sainte-Beuve reproduites dans la première partie de cet ouvrage. Chapitre IV.
(5) Lundis, III, 85.
(6) Lundis, IV, 116.
(7) Lundis, XI, 450.
(8) Mes Poisons, 110.

il y a du Docteur à privautés, qui entre par les derrières de l'alcôve » (1) ; Balzac, « qui conquit son public infirmité par infirmité » (2).

Veut-il définir les exagérations d'une école littéraire ? Une réminiscence médicale vient à point préciser sa pensée : Marivaux, doué d'une sensibilité extrême, péchait par la délicatesse des nuances, il était atteint de « rhumatisme littéraire » (3) ; Balzac souffre du « mal pédantesque, mal qui sort chez lui par la peau et qu'on peut étudier comme on étudie une maladie dans un amphithéâtre public sur un sujet exposé » (4) ; le démon de la propriété littéraire est comparable à la chorée (5). Chatterton correspond à une maladie littéraire, au vice de tant de poètes ambitieux, froissés et plus ou moins impuissants, la « chlorose littéraire » (6) .

---

(1) Ibidem 109. «... Du manucure et de l'amuseur », ajoute-t-il.

(2) Il s'explique : « Aujourd'hui les femmes de trente ans, demain celles de cinquante, après demain, les chlorotiques, dans Claès les contre-faites. Nulle part, il n'est question de santé ». Ibidem, 110.

(3) Lundis, IX, 376-377.

(4) Port-Royal, II, 45 et 82 (Il s'agit de Guez de Balzac).

(5) «... Le démon de la propriété littéraire monte les têtes et paraît constituer chez quelques-uns une vraie maladie pindarique, une danse de St-Guy curieuse à décrire. » Portraits contemporains, I, 498.

(6) Portraits contemporains, I, 349-350. Nous lisons autre part : « Il dévoile les plaies et les lèpres de cette société russe ». Chroniques parisiennes, p. 62.

Sainte-Beuve concevait la critique comme « la médecine de la littérature ». Pour lui, il existe une hygiène et une prophylaxie littéraires.

Les Jansénistes éminents sont des « praticiens de l'âme » (1). Les politiques, des « cliniciens » (2), qui doivent « tâter le pouls aux choses et aux événements » (3). D'ailleurs la politique n'est « pas une géométrie pure qui s'applique, mais une médecine ou une hygiène qui se pratique » (4).

Les philosophes, en semant des idées, sont de « grands inoculateurs dans l'ordre moral » (5). Tels furent Brolingbroke et Franklin. Souvent leurs idées inoculées chez leurs disciples ou leurs successeurs se transforment : C'est ainsi que celles de Franklin devinrent « empestées et corrosives dans le sang âcre de Chamfort » (6).

Lui-même ne se flattait-il pas de « pénétration souscutanée » (7), « d'avoir ouvert une veine et un genre nouveau » (8) ? « de chercher les points de suture entre le talent et l'âme » (9) ? Ne se plaignait-il pas justement des saignées fréquentes qu'on exigeait de lui, des *palettes* qu'on lui commandait pour le lundi (10) ? Sans doute, la jouissance qu'il éprouvait après chaque article lui remettait-elle heureusement « un peu de fer

---

(1) Voir Portraits de Femmes, 337, 339, 340.

(2) « Il lui fait une réponse qui est un « excellent chapitre de politique clinique, si je puis dire une leçon de politique au lit du malade ». (Lundis, XII, 463).

(3) Proudhon, 245.

(4) Nouveaux Lundis, I, 421.

(5) Lundis, VI, 127.

(6) Lundis, VII, 181.

(7) Correspondance, II, 296.

(8) Lundis, V, 7.

(9) Correspondance, I, 317.

(10) Correspondance, I, 223.

et de vigueur dans le sang », comme Pascal en mit dans celui des Jansénistes (1).

Quelquefois même, la métaphore manquait de naturel. L'émeute Barbès « qui éclate dans Paris, et fait l'office du forceps pour obliger le roi et la chambre à accoucher d'un ministère » (2) ferait frémir d'indignation un puriste pointilleux ! (3)

On couvrirait des pages entières en glanant dans l'œuvre du critique des passages de ce genre. L'énumération précédente, dont nous nous excusons, satisfait suffisamment notre amour-propre de médecin. Les plus incrédules y trouveront une preuve tangible de l'emprise médicale qui étreignait notre ancien condisciple.

---

(1) Port-Royal, III, 216.

(2) Nouveaux Lundis, I, 95.

(3) Comparaison à laquelle nous opposerons cette heureuse métaphore : « Il (Arnault) contribua aux journaux de Bruxelles, comme plus tard après sa rentrée en France, et distribua des coups de lancette en s'amusant ». (Lundis, VII, 515).

CONCLUSIONS

I. — Sainte-Beuve a été étudiant en médecine pendant quatre ans. Bien qu'inachevées, ces études, entreprises sous le coup d'une vocation naturelle, furent approfondies ; il s'imprégna des méthodes anatomiques et physiologiques, prit le goût des examens cliniques, lorsqu'il suivit l'enseignement hospitalier à Saint-Louis et à l'Hôtel-Dieu. Richerand, Dupuytren, et probablement Alibert, l'ont accueilli dans leurs services soit comme externe, soit comme simple étudiant.

II. — Il ne s'évada jamais complètement de la médecine. L'étude de sa vie, l'évolution de son esprit, la place d'honneur réservée au corps médical dans sa maison de la rue Montparnasse, nous apprend qu'au contraire, il retourna inconsciemment à son premier idéal scientifique. Le critique littéraire de 1865 réincarne la totalité des tendances intellectuelles et recouvre, sous la forme du scepticisme, l'irréligion du carabin de 1825.

La « physiologie » constituait bien en effet, comme il se plaisait à le répéter, « son fonds véritable ». N'a-t-il pas, le premier, introduit l'analyse, la psychologie, la biologie, la psycho-pathologie dans le domaine des lettres, et son œuvre n'est-elle pas une tentative hardie de rénovation et d'objectivation de la critique littéraire ?

Son génie de l'observation, qu'avait considérablement développé son passage à l'Ecole de Médecine, se retrouve dans maintes descriptions, psychologiques ou psychiâtriques, des « Lundis » ou des « Nouveaux Lundis ». Les qualités de l'observateur et de l'analyste seront rarement dépassées.

III. — Mais le sens critique était à ce point développé chez lui, qu'il se hasarda rarement à conclure ; les vastes synthèses, les généralisations ne sont pas dans son habitude. Sa critique fut morcelée et purement individualiste. Il essaya en vain de grouper les types décrits dans des familles d'esprits déterminées.

En un mot, Sainte-Beuve porte le sceau de l'éducation médicale qui lui fut donnée : il en eut les qualités et les défauts. Excellent observateur, trop scrupuleux peut-être, il manqua de largeur de vue et d'esprit de généralisation.

BIBLIOGRAPHIE

I. OUVRAGES DE SAINTE-BEUVE

CRITIQUE LITTÉRAIRE

Causeries du Lundi (16 *volumes*).

Nouveaux Lundis (13 *volumes*).

Premiers Lundis (3 *volumes*).

Portraits contemporains (3 *volumes*) (édition Didier).

Portraits littéraires (3 *volumes*).

Portraits de femmes (1 *volume*).

HISTOIRE

Port Royal (7 *volumes*,) (édition Hachette).

Tableau historique et critique de la poésie et du théâtre français au XVIe.

MONOGRAPHIES

Etude sur Virgile (1 *volume*).

Chateaubriand et son groupe littéraire sous l'Empire (1 *volume*).

Le général Jomini (1 *volume*).

Mme Desbordes-Valmore. Sa vie et sa correspondance (1 *volume*).

M. de Talleyrand (1 *volume*).

Notice sur Littré (1 *brochure, in*-8°).

Proudhon. Sa vie et sa correspondance (1 *volume*).

CORRESPONDANCE

Correspondance générale (2 *volumes*).

Nouvelle correspondance annotée par Troubat (1 *volume*)

Correspondance avec Mme et M. Just-Ollivier (1 *volume*).

Lettres à la Princesse (1 *volume*).

Lettres inédites à Collombet annotées par Latreille et Roustan (1 *volume*).

Lettres inédites à Ch. Labitte (1 *volume*).

NOTES

Cahiers de Sainte-Beuve (1 *volume*).

Mes Poisons (1 *volume*).

Chroniques Parisiennes (1 *volume*).

ROMANS

Volupté, (1 *volume*).

POESIES

Poésies complètes (édition Lemerre) (2 *volumes*).

Le livre d'amour (1 *volume*).

II. OUVRAGES AYANT TRAIT A SAINTE-BEUVE

ARNOULD. — Sainte-Beuve et sa méthode littéraire. *Correspondant*, 25 décembre 1904.

BARTHOU. — Les amours d'un poète. Conard, 1919. p. 53 et sequentes.

BAUDRILLART. — Critique du Proudhon de Sainte-Beuve. *Revue des Deux Mondes*, 1873, p. 584.

BEAUNIER. — Sainte-Beuve, in *Conferencia*, 1923, p. 489.

BELLESORT. — Sainte-Beuve et le XIXe siècle, conférences publiées par la *Revue Hebdomadaire* en 1927.

BENOIT-LEVY. — Sainte-Beuve et Mme Hugo. *Presses des Universités de France*, 1927.

BERNER (Dr.). — Lettre relative à l'autopsie de Sainte-Beuve. *Chronique médicale*, 1899, p. 767.

BRÉMOND. — Sainte-Beuve et Guttinguer. Plon, s. d.

BRUNETIÈRE — Lettre au Docteur Cabanès sur Sainte-Beuve. *Chronique médicale*, 1898, p. 418.

CABANES (Dr). — Sainte-Beuve carabin. *Revue Mondiale* 1926. n° 20, p. 315.

— Les Névrosés de la littérature et de l'histoire : Sainte-Beuve. *Revue des Alcaloïdes* 1912.

— Sainte-Beuve médecin. *Médecine internationale* 1912, p. 151.

— Sainte-Beuve et la médecine. *Chronique Médicale* 1896,. p. 385.

— Note sur Pons et Nicolardot. *Chronique Médicale* 1896, p. 396.

— Qui a fait l'autopsie de Sainte-Beuve ? *Chronique Médicale*, 1899, p. 718.

— Inauguration du monument de Sainte-Beuve. *Chronique médicale* 1903, p. 328.

— Discours sur Sainte-Beuve et la médecine. *Chronique médicale*, p. 361.

CHOISY. — Sainte-Beuve. L'homme et le poète. Plon s. d.

CHRONIQUE MÉDICALE. — Articles anonymes : Les livres annotés par Sainte-Beuve (année 1898, p. 651 ; 1899, p. 214-399-566 ; 1900, p. 20.

— Inauguration d'un portrait de Sainte-Beuve à Boulogne 1899, p. 651.

— Au sujet du procès-verbal d'autopsie de Sainte-Beuve 1903, p. 785.

— Le centenaire de Sainte-Beuve 1904, p. 808.

— Le cinquantenaire de Sainte-Beuve 1919, p. 336.

— Une remarque physiologique de Sainte-Beuve, 1919, p. 345.

— Sainte-Beuve et la névropathie de Bernardin de Saint Pierre, 1904, p. 465.

CLARETIE. — Lettre au Dr Cabanès. *Chronique médicale* 1898, p. 418.

DUREAU (Dr). — Souvenirs sur Sainte-Beuve. *Chronique médicale* 1896, p. 425.

FAGUET. — Montaigne annoté par Sainte-Beuve. *Revue Latine* 1910, p. 449.

— La jeunesse de Sainte-Beuve. Société française d'imprimerie, 1914.

FAUVEL (Dr). — A propos des Rayons Jaunes. *Chronique médicale*, 1903, p. 785.

FRANCE. — Préface aux Œuvres poétiques de Sainte-Beuve (édition Lemerre).

FUZET. — Les Jansénistes du XVIIe siècle et leur dernier historien M. Sainte-Beuve. Brãy, 1876.

GIRAUD. — L'évolution morale de Sainte-Beuve. Vie catholique du 23 juillet 1927.

GOBINEAU (Cte de). — Essais de critique, 1927, tome I.

GRAPPE. — Dans le jardin de Sainte-Beuve. Essais. Stock, 1909.

HAMY. — Souvenirs sur Sainte-Beuve. *Chronique médicale*, 1899, p. 652.

HAUSSONVILLE (Cte d'). — Etude sur Sainte-Beuve. *Revue des Deux Mondes*, 1875.

HELME. — Sainte-Beuve et les médecins. *Chronique médicale*, 1898, p. 392.

LACROIX. — Quelques maîtres français et étrangers : Sainte-Beuve.

LALOU. — Vers une alchimie lyrique (Sainte-Beuve, A. Bertrand, Nerval, Baudelaire). Les Arts et le Livre, 1927.

LEMAITRE. — Les péchés de Sainte-Beuve. Société des Conférences.

LEVALLOIS. — Sainte-Beuve, Didier, 1872.

LIVRE D'OR de Sainte-Beuve. *Journal des Débats*, 1904.

LOEWENJOUL (Vcte de). — Sainte-Beuve inconnu. Plon, 1901.

MARTIN DU GARD. — De Sainte-Beuve à Fénelon : H. Brémond, Kra, 1927.

MATTOT (Dr). — Lettre sur les livres annotés par Sainte-Beuve. *Chronique médicale* 1900, p. 86.

MERLANT. — Sénancour et Sainte-Beuve. *Revue Latine*, 25 janvier 1906.

MICHAUD. — Le roman de Sainte-Beuve. *Revue Latine*, 1906, p. 758 et 1907, p. 174-302.

— Sainte-Beuve avant les Lundis. *Thèse de lettres*, 1903 (Fontemoing).

— Sainte-Beuve. Hachette. Collection des grands écrivains.

MORAND. — Les jeunes années de Sainte-Beuve.

MORIN. — Le Docteur Veyne, ami de Raspail et de Sainte-Beuve. *Chronique Médicale*, août et septembre 1927.

— Raspail et Sainte-Beuve. Aesculape, novembre 1927.

NICOLARDOT. — Confession de Sainte-Beuve. Rouveyre, 1882.

NOLHAC. — Préface des Portraits Féminins (éditions Tallandier 1927).

PAILLERON (Mme). — Sainte-Beuve à 16 ans.

PINARD. — L'autopsie de Sainte-Beuve. *Chronique médicale*, 1900, p. 32.

PONS. — Sainte-Beuve et ses inconnues. Ollendorff, 1879.

RITTER. — Recherches généalogiques. *Bulletin de l'Institut Genevois*, 1907.

SÉCHÉ. — Etude d'histoire romantique ; Sainte-Beuve. Mercure de France, 2 vol.

SIMON. — Le roman de Sainte-Beuve. Albin Michel s. d.

TROUBAT. — Vie de Sainte-Beuve in « Tableau poésie française au XVIe » (édit. Lemerre, 1876.

— Essais critiques. C. Lévy, 1902.

— Notes et pensées. Sauvaitre, 1888.

— Sainte-Beuve intime et familier. Duc, 1903.

— Le dîner du vendredi Saint: Préface de Monselet. C. Lévy, 1890.

— Souvenirs du dernier secrétaire de Sainte-Beuve, C. Lévy, 1890.

— Hygiène morale et physique de Sainte-Beuve. *Chronique médicale*, 1896, p. 395.

— Encore une inconnue de Sainte-Beuve. *La Revue* 1911, LXXXIX, p. 3.

— Lettre de Sainte-Beuve à Carrel. *Chronique médicale*, 1896, p. 411.

— Mort de Sainte-Beuve. *Chronique médicale* 1897, p. 723.

— La maison de Sainte-Beuve. *Chronique médicale* 1899, p. 641.

— A propos de l'inauguration d'un médaillon de Sainte-Beuve. *Chronique médicale*, 1899, p. 703.

— Sur l'autopsie de Sainte-Beuve. *Chronique médicale*, 1899, p. 807 ; 1900, p. 63 et 1903, p. 327.

— Sainte-Beuve et Pasteur. *Chronique médicale*, 1900, p. 736.

VOIZARD. — Sainte-Beuve. L'homme et l'œuvre. *Thèse Lyon*, 1914.

VATTIER. — Sainte-Beuve, portrait littéraire.

TABLE DES MATIÈRES

IMPRIMERIE DE TREVOUX
G. PATISSIER. — 1928.

www.ingramcontent.com/pod-product-compliance
Ingram Content Group UK Ltd.
Pitfield, Milton Keynes, MK11 3LW, UK
UKHW020545180726
13838UKWH00001B/49

9 782329 395692